Susana
y
Javier
en Sudamérica

Amsco books by Marvin and Carol Wasserman

Curso primero

Curso segundo

Curso tercero

Prosa de la España moderna

Susana y Javier en España

Susana y Javier en Sudamérica

Susana y Javier en Sudamérica

MARVIN WASSERMAN

Former Chairman, Department of Foreign Languages
Susan E. Wagner High School
Staten Island, New York

CAROL WASSERMAN

Assistant Professor of Spanish
Borough of Manhattan Community College
New York City

AMSCO SCHOOL PUBLICATIONS, INC.,
a division of Perfection Learning®

Please visit our Web sites at:
www.amscopub.com and *www.perfectionlearning.com*

Illustrations by Ric Del Rossi

ISBN 978-0-87720-131-1

16 17 18 19 20 21   18 17 16 15 14 13

Preface

Teachers and students who have read and enjoyed *Susana y Javier en España* will be delighted to learn that our two heroes have once more embarked on a journey through the Spanish-speaking world—this time, South America.

In following the adventures of Susana and Javier, students learn a great deal about the people of South America and about their lives and customs. Along with Susana and Javier, students crisscross the entire continent. They bargain with street vendors, find an all-night pharmacy in a town, and make a deal with a taxi driver. They fly over a gigantic waterfall in a helicopter, visit a cathedral that was once a salt mine, and take a bus ride to a quaint city with a large outdoor market. Special attention is given to the various Indian cultures that have influenced the lives and customs of people in South America.

Each of the twenty-two chapters includes, along with the reading passage, a series of exercises of varied content and complexity. These exercises start with simple multiple-choice questions and end with oral and written summaries. Map exercises challenge the ability of students to locate places they have read about. Later chapters provide opportunity for creating dialogs, summaries, and alternate chapter titles. Several chapters have "cliffhanger" endings that encourage students to guess the outcome by creating their own original endings. While the reading materials are designed primarily for Level 2 Spanish, the range of exercises will challenge students at more advanced levels.

A "Prueba de civilización" at the end of the book tests what students have learned about South America. The quiz is followed by a series of "Preguntas para la conversación" that reinforce the vocabulary and idioms used in the book.

We hope that teachers and students will enjoy the adventures of Susana and Javier in South America as much as we have enjoyed writing about them.

The Authors

Índice

Susana
y
Javier
en Sudamérica

Recorrido de Susana y Javier por Sudamérica

Desde Miami

A Nueva York

PANAMÁ

COLOMBIA

VENEZUELA

GUYANA

SURINAM

GUAYANA FRANCESA

ECUADOR

PERÚ

BRASIL

Lago Titicaca

BOLIVIA

PARAGUAY

CHILE

URUGUAY

ARGENTINA

1. PANAMÁ
2. GUAYAQUIL
3. LIMA
4. SANTIAGO
5. BUENOS AIRES
6. Iguazú
7. CUZCO
8. LA PAZ
9. BOGOTÁ
10. QUITO

Introducción

—Susana, despiértate; es muy tarde. Nuestro vuelo es a las seis de la tarde.

—Pero, Javier, ¿por qué quieres ir tan temprano al aeropuerto? ¿Sabes qué hora es?

5 —Sí, son las ocho de la mañana, y tenemos que hacer muchos preparativos para nuestro viaje a Buenos Aires.

—Tú siempre tienes mucha prisa los días que viajamos. Quiero dormir un rato más. No tengo 10 prisa.

Javier Rivera y su esposa, Susana, van a hacer un viaje este verano a Sudamérica y piensan visitar los siguientes países andinos: la Argentina; el Perú, Colombia, el Ecuador y Bolivia. Los dos 15 son profesores de español, y durante el año escolar van a contar sus aventuras a sus alumnos. Y Uds. van a leer acerca de sus aventuras en los capítulos siguientes. Y ahora, vamos a empezar la historia.

despiértate *wake up*
el vuelo *flight*
tan *so*

los preparativos *preparations*

tener mucha prisa *to be in a great hurry*
un rato más *a while longer*

pensar + *inf. to intend to*
siguiente *following*
andino *Andean*
el año escolar *school year*
contar *to tell*
acerca de *about*
el capítulo *chapter*

1

CAPÍTULO PRIMERO

¿Dónde están las maletas?

—Javier, ¿cuántas horas dura el vuelo entre Nueva York y Buenos Aires?

—No estoy seguro. Creo que es un viaje de diez horas sin escala.

5 —Pues, según el agente de viajes, hay escalas, pero no muchas.

—Espero que sí.

Susana y Javier han pasado todo el día haciendo los últimos preparativos para su viaje a Sudamé-

10 rica. Como el avión parte a las seis de la tarde, Javier tiene que llegar al aeropuerto a las tres. Él es siempre así.

Los dos llegan al aeropuerto en taxi y van directamente al mostrador de registro, donde

15 tienen que hacer cola y esperar 45 minutos. Por fin llegan al mostrador de registro y en menos de tres minutos el encargado los atiende.

—¿Fumadores o no fumadores?

—Por favor, dos asientos juntos en la sección

20 de los no fumadores— dice Javier.

—De acuerdo. Tengo dos asientos juntos para no fumadores en la parte delantera del avión: uno junto al pasillo y otro en el centro. ¿Está bien?

—Perfecto, —contesta Susana— prefiero la sec-

25 ción delantera del avión.

durar *to last*

seguro *sure*
la escala *stop*
según *according to*

esperar que sí *to hope so*
han pasado *have spent*

así *this way*

el mostrador de registro *check-in counter*
hacer cola *to wait in line*
el encargado los atiende *the clerk takes care of them*
el fumador *smoker*
juntos *together*
de acuerdo *fine, agreed*
delantero *front*
junto al pasillo *on the aisle*
en el centro *in the center*

2

—Hagan Uds. el favor de presentarse a la puerta número tres para subir a bordo. Aquí tienen Uds. sus tarjetas de embarque. Sus maletas están facturadas para Buenos Aires.

30 —¡Ah!, —dice Javier—, entonces no tenemos que buscar nuestras maletas en Miami.

No, señor, sus maletas serán trasladadas al otro avión. No se preocupen.

—Muy bien —dicen los dos viajeros.

35 Al llegar a Miami, los dos viajeros tienen que buscar el mostrador de AeroPerú. Allí el empleado les dice que el avión va a tardar dos horas.

puerta *gate*
subir a bordo *to board*
la tarjeta de embarque *boarding pass*
facturado *checked*

serán trasladadas *will be transferred*
no se preocupen *don't worry*
el viajero *traveler*

tardar *to be delayed*

Les dice también que sus maletas van directamente a Buenos Aires. Pero Susana es muy
40 pesimista y le dice a Javier:

    —No me fío de estos empleados de las líneas   fiarse de *to trust*
aéreas. Vamos a pasar a la sala de equipajes. Tengo   la sala de equipajes
una idea de que nuestras maletas van a aparecer.   *baggage room*
                                    aparecer *to appear*
    —¡Imposible! —contesta Javier—. Las maletas
45 van directamente a Buenos Aires.

    —¿Y tú crees eso? Mira. ¿Qué ves allí?

    —¡Ay! ¡Dios mío! ¡Nuestras maletas! ¿Qué va-   ¡Ay! ¡Dios mío!
mos a hacer?   *Oh, my God!*

EJERCICIOS

A. Termine la oración con la opción correcta:

  1. Javier despierta a Susana porque
     (a) ella tiene prisa.
     (b) tienen muchas cosas que hacer.
     (c) él quiere dormir.

  2. Hoy Susana y Javier van a
     (a) la Argentina.
     (b) España.
     (c) Colombia.

  3. Los alumnos de Susana y Javier van a
     (a) viajar con ellos.
     (b) contar sus aventuras a sus profesores.
     (c) escuchar las aventuras de Susana y Javier.

  4. Susana quiere saber
     (a) la duración del viaje en avión.
     (b) cuántos años tiene Javier.
     (c) cuántas escalas hay entre Nueva York y Buenos Aires.

  5. Durante el día, Susana y Javier
     (a) se preparan para su viaje.
     (b) duermen muchas horas.
     (c) van a ver al agente de viajes.

6. Susana y Javier van al aeropuerto
   (a) en taxi.
   (b) en autobús.
   (c) a pie.

7. Los dos esperan delante del mostrador de registro durante
   (a) media hora.
   (b) tres cuartos de hora.
   (c) una hora.

8. Susana y Javier quieren sentarse
   (a) con las personas que fuman.
   (b) cerca de la puerta del avión.
   (c) juntos.

9. Las maletas de Susana y Javier deben
   (a) ir directamente a Buenos Aires.
   (b) quedarse en el mismo avión.
   (c) de ser de otros viajeros del avión.

10. Al llegar al mostrador de AeroPerú Susana y Javier
    (a) facturan las maletas.
    (b) hablan con el empleado.
    (c) compran maletas nuevas.

B. **Cierto o falso. Si la oración es cierta, diga «cierto». Si es falsa, diga entonces la oración correcta:**
   1. Javier despierta a Susana a las seis de la tarde.
   2. Susana desea dormir más.
   3. Javier es profesor de español.
   4. Los dos van a visitar seis países.
   5. El viaje es sin escalas.
   6. Susana y Javier hacen sus preparativos el día antes del vuelo.
   7. El avión va a salir a las tres.
   8. Susana y Javier hacen cola para subir al avión.
   9. Se sientan en la parte delantera del taxi.
   10. En Miami no tienen que esperar.
   11. Las maletas de Susana y Javier están en la sala de equipajes del aeropuerto de Miami.

C. Sinónimos. Cada palabra en letras oscuras (*bold*) tiene un sinónimo en el capítulo. ¿Cuál es?

1. Colombia y Bolivia son dos **naciones** de Sudamérica.
2. Susana y Javier son **maestros** de español.
3. Uds. van a **comenzar** la historia de Susana y Javier.
4. Los dos van a hacer **una excursión** a Sudamérica.
5. **Finalmente** llegan al aeropuerto.

D. Antónimos. Busque el antónimo de la palabra en letras oscuras:

1. Vamos a llegar **temprano** al aeropuerto.
2. Viajamos durante **el invierno.**
3. Nuestra clase va a **terminar** pronto.
4. Es un viaje **con** muchas escalas.
5. Queremos dos asientos **separados.**
6. Hay **pocas** personas en el aeropuerto.
7. El avión va a **salir** a las seis.
8. Tú eres muy **optimista.**
9. Eso es **posible.**
10. **Aquí** veo las maletas.

E. Vocabulario. Busque la palabra definida:

1. el viaje por el aire
2. el vehículo que va por el aire
3. el lugar en que nos sentamos
4. entrar al avión
5. donde ponemos la ropa para viajar
6. la persona que viaja

F. Resumen. Complete la oración con las palabras correctas:

1. Susana y Javier tienen que hacer los ＿＿＿＿ para su ＿＿＿＿ a Sudamérica.
2. Susana prefiere ＿＿＿＿ un poco más, pero Javier siempre tiene ＿＿＿＿ .
3. Los dos van a ＿＿＿＿ varios ＿＿＿＿ de Sudamérica.
4. Los alumnos de Susana y Javier van a ＿＿＿＿ las ＿＿＿＿ de sus ＿＿＿＿ .
5. El ＿＿＿＿ a Buenos Aires no es directo.

6. Susana y Javier hacen sus _____ para el _____ .
7. Van al _____ en _____ .
8. Van a sentarse en la sección de los _____ .
9. Para embarcar necesitan las _____ de _____ .
10. Las _____ van directamente a Miami.
11. En Miami tienen que _____ dos _____ .
12. Susana y Javier pasan a la _____ de _____ y ven sus _____ .

G. Modismos. Haga las oraciones según los modelos:

1. Are you in a hurry? ¿Tiene Ud. prisa?
   Are they in a hurry?
2. We're taking a trip to South America. Hacemos un viaje a Sudamérica.
   I'm taking a trip to South America.
3. What does he intend to do? ¿Qué piensa él hacer?
   What do you (familiar singular) intend to do?
4. We're going to arrive at Buenos Aires. Vamos a llegar a Buenos Aires.
   She's going to arrive at New York.
5. Please look for your suitcases. Hagan el favor de buscar sus maletas.
   Please go to the baggage room.
6. What does he have to do? ¿Qué tiene él que hacer?
   What does she have to do?
7. We hope so. Esperamos que sí.
   I hope so.
8. Do you trust the travel agent? ¿Se fía Ud. del agente de viajes?
   Do you trust the clerk?
9. We're going to make our preparations. Vamos a hacer nuestros preparativos.
   We're going to stand on line.

H. Diálogo. Escoja la mejor respuesta:

1. No tengo paciencia en los aeropuertos.
   (a) El avión va a partir pronto.
   (b) Vamos a comprar los billetes.
   (c) El capitán es muy feo.

2. Quiero un asiento junto al pasillo, en la sección de los no fumadores.
   (a) De acuerdo. Los dos pueden sentarse en el mismo asiento.
   (b) Está bien. Tengo uno allí.
   (c) Es posible. Allí puede fumar si quiere.

3. ¿Tienen Uds. sus tarjetas de embarque?
   (a) Sí, así podemos subir a bordo del avión.
   (b) Sí, las necesitamos para comer en el avión.
   (c) No, no son necesarias para subir a bordo del avión.

4. El avión va a tardar unas dos horas en despegar.
   (a) No importa. Volvemos dentro de tres horas.
   (b) Muy bien, así tenemos tiempo para pasear un poco.
   (c) No puede ser. Uds. son unos idiotas.

5. ¿Para qué vas a la sala de equipajes?
   (a) Para buscar nuestras maletas.
   (b) Para beber algo.
   (c) Para comprar un libro.

CAPÍTULO SEGUNDO

¡*Veinticuatro horas!*

—Vamos a sacar las maletas en seguida y llevar-
las al mostrador de AeroPerú —dice Susana—. Si
no, van a quedarse aquí en Miami para siempre.
—Tienes razón. Tenemos que hacerlo ahora
5 mismo.

Los dos llevan las maletas al mostrador de
AeroPerú donde las facturan otra vez. Ahora
tienen que esperar su vuelo.

(Dos horas más tarde.)

10 —Señoras y señores, les habla el capitán. Bienvenidos a bordo del vuelo número 102 de
AeroPerú. Nuestro destino es Buenos Aires con
escalas en Panamá, Guayaquil, Lima y Santiago
de Chile. Afortunadamente las escalas son de
15 poca duración y esperamos llegar a Buenos Aires
en trece horas. Y ahora, hagan Uds. el favor de
abrocharse los cinturones de seguridad y de no
fumar.

En Panamá, Susana y Javier bajan del avión y
20 pasean por el aeropuerto.
—No hay nada interesante que comprar aquí.
Vamos a volver al avión —dice Susana.
—De acuerdo. Creo que vamos a despegar den-
tro de poco.

sacar *to take out*

para siempre
  forever
ahora mismo *right
  now*

bienvenido
  welcome

abrocharse . . .
  seguridad *fasten
  your seatbelts*
bajan del avión *get
  off the plane*

despegar *to take off*
dentro de poco
  shortly

9

25 Después de subir a bordo del avión, Susana y
Javier encuentran sus asientos y están listos para   listo *ready*
volar otra vez cuando oyen la voz del capitán,
quien dice que el avión va a despegar en cinco
minutos. La próxima escala es Guayaquil, donde
30 se quedan una hora y media. Lo mismo pasa en   lo mismo *the same*
Lima, donde tienen que cambiar de avión.   *thing*
                                                            cambiar de avión
    —¡Qué vuelo! —comenta Javier—. Parece que   *to change planes*
nunca vamos a llegar a nuestro destino. Voy a   ¡Qué . . . ! *What*
pasar al fondo del avión.   *a . . . !*
                                                            el fondo *the rear*
35 —Muy bien, pero, ¡no te pierdas!   ¡no te pierdas!
    Javier pasa al fondo del avión y ¡qué sorpresa!   *don't get lost*
    —Hola, señor Rivera. ¡Qué casualidad ¡Usted   la casualidad
aquí en este avión!   *coincidence*
    —¡Andrés Tomás, qué sorpresa ver a uno de
40 mis alumnos aquí! ¿Adónde vas?
    —Voy a Santiago de Chile. Como Ud. sabe,
tengo parientes allí y los visito todos los veranos.   el pariente *relative*
    —Ah, sí, lo recuerdo. Mi esposa y yo vamos a
Buenos Aires, donde vamos a empezar nuestro
45 recorrido por Sudamérica. ¿Viajas solo o acom-   el recorrido *journey*
pañado?
    —Oh, perdón. Permítame presentarle mi amigo
Raúl Martínez. Ambos vivimos en Nueva York   ambos *both*
y siempre viajamos juntos.
50 —Encantado de conocerlo, Raúl. Pero, dí-   encantado de
ganme, ¿dónde subieron Uds. a bordo del avión?   conocerlo *pleased*
    —En Lima, donde hemos pasado dos semanas   *to meet you*
visitando a la familia de Raúl —contesta Andrés.   hemos pasado *we*
                                                             have spent
    —¡Ah!, Ud. es peruano, ¿verdad? —pregunta   peruano *Peruvian*
55 Javier.
    —De cierta manera. Mis padres son de Lima,   de cierta manera
pero yo nací en Nueva York, donde vivimos   *in a way*
ahora.   nací *I was born*
    —Voy a buscar a mi esposa y podemos charlar
60 un rato —dice Javier.

            (Dos minutos más tarde.)

Susana y Javier pasan un rato charlando con los
dos jóvenes hasta que el capitán anuncia que van
a aterrizar en Santiago de Chile. Nuestros dos
65 viajeros se despiden de Andrés y Raúl, deseándoles una feliz estancia allí.

    —Adiós y hasta septiembre, señor Rivera. Mu-
cho gusto en conocerla, señora.

    —Igualmente. Que lo pasen bien aquí.
70 Al volver a sus asientos, Javier comenta con Susana:

    —Imagínate, Susana. Estamos en un avión

hasta que *until*
aterrizar *to land*
despedirse de *to
  say good-bye to*
deseándoles . . .
  estancia *wishing
  them a happy stay*
Mucho gusto en
  conocerla *Very
  pleased to meet you*
igualmente *likewise*
Que . . . bien
  Have a good time
imagínate *imagine*

rumbo a Buenos Aires, y nos encontramos con   rumbo a *bound for*
uno de mis alumnos.

75   —La vida trae sorpresas a veces, ¿verdad?

—Sí, ¿A quién vamos a encontrar en el próximo
vuelo?

—¿Quién sabe?

Por fin llega la última etapa del largo vuelo a   la etapa *phase,*
80 Buenos Aires. Susana y Javier tienen muchas   *stage, "leg"*
ganas de llegar allí para empezar su recorrido por
Sudamérica.

—¿Qué hora es, Susana?

—Son las cinco de la tarde.

85   —¡No me digas! ¿Sabes cuántas horas hemos   ¡No me digas!
viajado?   *Don't tell me!*
                                                     hemos viajado *we*
—Vamos a ver. Salimos de Nueva York ayer a   *have traveled*
las seis de la tarde. ¡Ay, caramba! Este vuelo va a salimos *we left*
durar veinticuatro horas. Esto es increíble.   ¡Ay, caramba! *Oh,*
                                                       my goodness!
                                                     increíble *incredible*

EJERCICIOS

A. Termine la oración con la opción correcta:

1. Susana quiere
   (a) dejar las maletas en Miami.
   (b) llevar las maletas al mostrador de AeroPerú.
   (c) vender todas las maletas.

2. Al llegar al mostrador de AeroPerú los dos
   (a) facturan las maletas.
   (b) venden las maletas
   (c) le gritan al empleado.

3. La última escala del avión va a ser
   (a) Santiago de Chile.
   (b) Lima.
   (c) Miami.

4. En Panamá, Susana y Javier
   (a) compran unas cosas.
   (b) hablan con el capitán del avión.
   (c) andan por el aeropuerto.

5. Susana no compra nada en Panamá porque
   (a) no tiene dinero.
   (b) no hay nada para ella.
   (c) los artículos cuestan demasiado.

6. Cuando suben a bordo del avión otra vez en Panamá el capitán dice que
   (a) van a salir del aeropuerto pronto.
   (b) tienen que esperar media hora.
   (c) van a comer dentro de cinco minutos.

7. Tienen que cambiar de avión en
   (a) Lima.
   (b) Buenos Aires.
   (c) Santiago.

8. Según Javier, los vuelos son
   (a) interesantes.
   (b) largos
   (c) cómicos.

9. En el fondo del avión Javier encuentra
   (a) a uno de sus alumnos.
   (b) al piloto.
   (c) al señor Rivera.

10. Raúl Martínez es
    (a) el esposo de Susana.
    (b) un amigo de Javier.
    (c) un amigo de Andrés.

11. En Lima viven
    (a) los parientes de Andrés.
    (b) la esposa de Raúl.
    (c) los parientes de Raúl.

12. Andrés y Raúl van a
    (a) Chile.
    (b) la Argentina.
    (c) Lima.

13. Susana y Javier se despiden de Andrés y Raúl porque
    (a) los jóvenes tienen que bajar del avión.
    (b) es la hora de comer.
    (c) a Susana no le gustan los chicos.

14. El viaje entre Nueva York y Buenos Aires ha durado
    (a) 24 horas.
    (b) 13 horas.
    (c) dos días.

B. Sinónimos. Cada palabra en letras oscuras tiene un sinónimo en el capítulo. ¿Cuál es?

1. ¿Dónde están **los equipajes?**
2. Susana y Javier **andan** por el aeropuerto.
3. Los dos **regresan** al avión.
4. ¿Qué hace Ud. en este **aeroplano?**
5. ¿Cuándo vas a **comenzar** tu viaje?
6. Raúl es mi **compañero.**
7. ¿Dónde **residen** Uds.?
8. Voy a **conversar** con el piloto.
9. Ellos **dicen adiós a** su familia.
10. **Al fin** llegan a Santiago de Chile.

C. Busque el antónimo de la palabra en letras oscuras:

1. Vamos a hacer esto **más tarde.**
2. **Desafortunadamente** tenemos que esperar dos horas.
3. Espero **salir de** Nueva York en una hora.
4. Los dos **suben al** avión.
5. Voy a **vender** mi auto.
6. Susana y Javier **pierden** su dinero en el avión.
7. ¿Cuándo va a **aterrizar** el avión?
8. La **última** escala es en Santiago de Chile.
9. **Siempre** van a Sudamérica.
10. ¿Adónde van Uds. todos los **inviernos?**
11. Yo **olvido** los detalles del viaje.
12. ¿Cuándo vas a **terminar** tus tareas?
13. Ellos son **malos** alumnos.
14. ¿Qué **pregunta** Javier a Andrés?
15. **Hola,** amigos.
16. Este vuelo es muy **corto.**
17. **Llegamos a** Buenos Aires dentro de poco.

D. Vocabulario. Busque la expresión definida:

1. el piloto principal
2. usar un cigarrillo

3. salir de la tierra
4. viajar por el aire
5. entrar al avión
6. habitante del Perú
7. tomar tierra
8. sesenta minutos
9. entre el mediodía y la noche

E. **Resumen. Rearrange the following sentences so that they form a summary of the chapter:**

1. Los dos charlan un rato.
2. El viaje va a durar 24 horas.
3. Javier se encuentra con uno de sus alumnos.
4. Los dos bajan del avión en Panamá y pasean por el aeropuerto.
5. Susana y Javier van al mostrador de AeroPerú para facturar sus maletas otra vez.
6. Al fin van a llegar a Buenos Aires.
7. En Santiago de Chile los dos jóvenes se despiden de Susana y Javier.
8. Tienen que esperar dos horas antes de subir a bordo.
9. Después de subir a bordo del segundo avión, Javier quiere pasear un poco por el avión.
10. La primera escala es en Panamá.
11. Como no hay nada que comprar, regresan al avión.
12. Luego Javier busca a Susana y la lleva al fondo del avión.

F. **Diálogo. Escoja la mejor respuesta:**

1. El capitán dice que vamos a despegar pronto.
   (a) Vamos a abrocharnos los cinturones.
   (b) Bien, tengo mucha hambre.
   (c) Me gusta esta película.

2. Este avión va a hacer muchas escalas.
   (a) Bien. Me gustan los vuelos directos.
   (b) La comida es excelente.
   (c) Está bien. Me gusta ver los diferentes aeropuertos.

3. Ésta es mi amiga Luz González.
   (a) No quiero conocerla; es muy fea.
   (b) Encantada de conocerla, Luz.
   (c) Es mi primo.

4. Este avión está lleno.
  (a) Pues vamos a mirar la televisión.
  (b) Sí, todos los asientos están ocupados.
  (c) Muy bien, así puedo ocupar cuatro asientos.

5. ¿Cómo van Uds. de Nueva York a Buenos Aires?
  (a) En el auto de mi padre.
  (b) A pie.
  (c) En avión.

G. Modismos. Haga las oraciones según los modelos:

1. You're right. Tienes razón.
  They're wrong. No tienen razón.
  She's right and I'm wrong.
2. Who's getting out of the car? ¿Quién baja del auto?
  Susana is getting out of the train.
3. Are you getting into the plane? ¿Subes al avión?
  Are they getting into the car?
4. I'm saying good-bye to my friends. Me despido de mis amigos.
  She is saying good-bye to her family.
5. I meet my friends every morning. Me encuentro con mis amigos todas las mañanas.
  They meet their friends every afternoon.
6. I don't feel like studying now. No tengo ganas de estudiar ahora.
  We don't feel like playing.
7. They're very anxious to see the movie. Tienen muchas ganas de ver la película.
  Are you (tú) very anxious to travel?
8. At what time does he leave the house? ¿A qué hora sale él de la casa?
  At what time does she leave school?
9. We enter school at eight o'clock. Entramos a la escuela a las ocho.
  At what time do you (tú) enter your house?
10. Does she have to go to Buenos Aires? ¿Tiene ella que ir a Buenos Aires?
  Do they have to return to New York?

CAPÍTULO TERCERO

Todo al revés

—Atención, señores pasajeros. Dentro de quince minutos vamos a aterrizar en el aeropuerto de Ezeiza. Abróchense los cinturones y apaguen los cigarrillos.

5 En nombre de la tripulación les deseo una feliz estancia en Buenos Aires.

—Por fin llegamos —dice Javier—. ¡Qué viaje más largo!

—¡Largo, sí! ¡Veinticuatro horas—todo un día!

10 Antes de buscar sus equipajes, los pasajeros tienen que pasar por el control de pasaportes.

—Buenas tardes, señores. Sus pasaportes, por favor, —dice el inspector.

—Aquí los tiene, —dice Javier.

15 —Parece que todo está en orden. ¿Por cuánto tiempo piensan quedarse en la Argentina?

—Dos semanas, por lo menos, y luego pasamos a otros países.

—Muy bien. Bienvenidos a la Argentina.

20 Susana y Javier encuentran sus maletas esta vez sin dificultad y al salir del aeropuerto ven una larga fila de personas que esperan taxis.

Susana, un poco cansada, dice:

—Parece que hay colas para todo en este
25 mundo.

al revés *in reverse*

apaguen los
   cigarrillos *put out
   your cigarettes*
la tripulación *crew*
les deseo *I wish
   you*
¡Qué. . .largo!
   What a long trip!

parece *it seems*

la fila *line*

—Hay que tener paciencia. Ahora mismo llega nuestro turno.

    El taxista los ayuda con los equipajes y en unos segundos se ponen en marcha para la ciudad.

30 —Buenas tardes. ¿Adónde van?

    —Al Hotel «Esperanza», calle Florida esquina a calle Sarmiento —contesta Javier.

    —De acuerdo, señores. La calle Florida es ahora una calle peatonal. Como los autos no

Ahora. . .turno
*Our turn is
coming right now*

se ponen en
marcha *they start
out*
esquina a *corner of*

calle peatonal
pedestrian street

35 pueden ir por esta calle, voy a estacionarlo en la
calle Sarmiento.

ir *to go*
estacionarlo *to park it*

(Media hora más tarde.)

—Ya llegamos. Hagan Uds. el favor de esperar
aquí. Yo voy a llamar a un mozo, que llevará sus
maletas al hotel —dice el taxista.

llevará *will carry*

40 —Gracias. Lo esperamos aquí —contesta Javier. Al poco rato el taxista vuelve con el mozo
del hotel, quien los saluda muy cordialmente.

lo esperamos *we'll wait for you*

—Buenas tardes,[1] señores. Bienvenidos a Buenos Aires. Hagan el favor de acompañarme al
45 hotel.

Como ya es de noche, no hay tanta gente en
la calle Florida, que de día está llena de público.

—Javier, creo que tenemos que ver esta calle
de día, cuando las tiendas están abiertas y las
50 multitudes pasean por aquí.

la multitud *crowd*
pasean *walk, stroll*
concurrido *crowded*
favor de + inf. *please*
la recepción *reception desk*

Es cierto. Esta calle tiene fama de ser la más
popular y concurrida de Buenos Aires.

—Aquí está el hotel, señores. Favor de acompañarme a la recepción.

55 —Buenas tardes, señores. ¿En qué puedo servirles? —dice el recepcionista.

¿En . . .servirles? *What can I do for you?*

—Muy buenas, —contesta Javier—. Tenemos
una reservación para dos personas: Javier Rivera
y señora.

Muy buenas = Muy buenas tardes

60 —Vamos a ver. . .Rivera. . .Rivera. . .¡Ah!, sí,
aquí está su reservación. Firme aquí, por favor.
¿Es ésta la primera vez que Uds. vienen a Buenos Aires?

Firme *Sign*

—Sí, señor, y deseamos ver todos los sitios de
65 interés? ¿Qué nos recomienda Ud.? —pregunta
Susana.

el sitio *place*

[1]**Buenas tardes:** Although it is early evening, Latin Americans, as a rule, do not say **Buenas noches** until much later.

—Pues, por ejemplo, la Casa Rosada, residencia y oficina del presidente. Muy cerca de este edificio está la Catedral, donde se encuentran los 70 restos de José de San Martín, el gran héroe de la lucha por la independencia. Y no hay que olvidar el famoso Teatro Colón, conocido en el mundo entero. En este teatro se interpretan óperas y conciertos, y los cantantes y músicos 75 más conocidos de todo el mundo han cantado y tocado aquí. Pero ustedes deben de estar muy cansados después de su largo viaje. El mozo los llevará a su habitación, donde pueden descansar un rato. Aquí tienen un plano de la ciudad. 80 Pueden examinarlo para que conozcan bien Buenos Aires. Si quieren hacer alguna pregunta, estoy a su disposición.

—Muchas gracias. Ud. es muy amable. Buenos Aires ya nos gusta, —dice Susana.

85   —Y les va a gustar aún más. (Al mozo.) Alfredo, lleva al señor y a su esposa a la habitación.

—En seguida, señor. (A Susana y a Javier.) Hagan el favor de acompañarme al ascensor.

Susana y Javier suben con el mozo a la habi-90 tación, que parece ser bastante cómoda aunque no es lujosa.

—Vamos a descansar un rato antes de bajar a ver la ciudad —dice Javier.

—Buena idea. Pero, ¿por qué hace tanto 95 calor en esta habitación?

—Creo que hay calefacción. ¿Recuerdas que es invierno aquí en Buenos Aires?

—¡Ah!, sí. Es verdad. Estamos en el hemisferio sur, donde todo es al revés. Y. . .zzzzz

100 —¿Qué dices. Susana? ¿Susana? ¿Por qué no me contestas? ¿Qué te pasa?

---

pues *well*
rosado *pink*

se encuentran *are found*
los restos *the remains*
la lucha *fight, struggle*
se interpretan *are interpreted*
el/la cantante *singer*
deben de *must*

los llevará *will take you*
el plano *map*

estoy a su disposición *I'm available to help you*
Y. . .más *And you're going to like it even more*

el ascensor *elevator*

cómodo *comfortable*
lujoso *luxurious*

hace tanto calor? *is it so hot?*
la calefacción *heat*

¿Qué te pasa? *What's the matter with you?*

EJERCICIOS

A. Todas las oraciones siguientes son falsas. Diga cada oración correctamente:

1. El aeropuerto de Ezeiza se llama Buenos Aires.
2. Los pasajeros buscan sus maletas antes de pasar por el control de pasaportes.
3. Susana y Javier le dicen al inspector: «Bienvenidos a la Argentina».
4. Hay una larga fila de personas que esperan sus maletas.
5. Susana y Javier van a su hotel en autobús.
6. El hotel se encuentra en la avenida Florida.
7. El recepcionista del hotel lleva las maletas de Susana y Javier.
8. Ésta es la segunda vez que visitan Buenos Aires.
9. Los restos de San Martín están en el Teatro Colón.
10. Las oficinas del presidente están en la Catedral.
11. Susana y Javier van solos a la habitación.
12. En Buenos Aires es verano porque están en el hemisferio norte.

B. Sinónimos. Busque en el capítulo los sinónimos de las palabras en letras oscuras:

1. ¿Dónde están **las maletas?**
2. El mozo **regresa** con las maletas.
3. Todos **andan** por allí.
4. **Queremos** ir a Buenos Aires.
5. Estos **lugares** son muy interesantes.
6. Mi **cuarto** es grande.
7. Lo hacen **inmediatamente.**

C. Antónimos. Busque el antónimo de cada palabra en letras oscuras:

1. El viaje en taxi es **corto.**
2. Al **entrar al** aeropuerto, ven a sus amigos.
3. Vamos **al campo** ahora.

4. Ahora es **de día.**
5. Las ventanas están **cerradas.**
6. **Allí** está la calle.
7. Ésta es la **última** vez que voy a esa casa.
8. El edificio está lejos de **aquí.**
9. Es necesario **recordar** la dirección.
10. Las **respuestas** son fáciles.
11. Susana y Javier **bajan a** la calle.
12. Tú siempre **olvidas** todo.
13. ¿Por qué hace tanto **frío** aquí?

D. Vocabulario. Busque en el capítulo la palabra definida:

1. el período de siete días
2. el vehículo para cinco personas
3. el chico que lleva las maletas
4. la máquina que sube y baja en un edificio alto
5. el sistema que da calor a la casa

E. Resumen. Find the phrase in Column B that completes the statement in Column A:

<table>
<tr><td align="center">A</td><td align="center">B</td></tr>
<tr><td>1. El avión va a llegar a Buenos Aires</td><td>(a) tienen que firmar el registro.</td></tr>
<tr><td>2. Es un viaje</td><td>(b) examina los pasaportes.</td></tr>
<tr><td>3. El inspector</td><td>(c) adónde van.</td></tr>
<tr><td>4. Después de encontrar sus maletas</td><td>(d) de 24 horas.</td></tr>
<tr><td></td><td>(e) van a bailar.</td></tr>
<tr><td>5. El taxista les pregunta</td><td>(f) en la calle Florida.</td></tr>
<tr><td>6. El hotel está</td><td>(g) es muy amable.</td></tr>
<tr><td>7. El mozo del hotel</td><td>(h) en un cuarto de hora.</td></tr>
<tr><td>8. Al entrar al hotel</td><td>(i) miran la televisión.</td></tr>
<tr><td>9. El recepcionista</td><td>(j) a la habitación.</td></tr>
<tr><td>10. Susana y Javier siguen al mozo</td><td>(k) porque es invierno.</td></tr>
<tr><td></td><td>(l) Susana y Javier buscan un taxi.</td></tr>
<tr><td>11. Después de entrar a la habitación</td><td>(m) los ayuda con sus maletas.</td></tr>
<tr><td>12. Hay calefacción en la habitación</td><td>(n) Susana y Javier van a descansar.</td></tr>
</table>

F. Diálogo. Escoja la respuesta más lógica:

1. ¡Ah!, por fin llegamos a Buenos Aires.
   (a) Sí, hace mal tiempo.
   (b) ¡Qué viaje más largo!
   (c) Vamos a divertirnos mucho aquí en Bolivia.

2. Vamos a buscar las maletas.
   (a) Es necesario pasar a la sala de equipajes.
   (b) El piloto puede ayudarnos.
   (c) Creo que están en la cocina ahora.

3. ¿Puede Ud. buscarnos un taxi?
   (a) Con mucho gusto. ¿Adónde quieren ir?
   (b) ¡Cómo no! El avión parte ahora.
   (c) No, señor. Ud. no es una buena persona.

4. Estoy muy cansado. Vamos en seguida al hotel.
   (a) No, prefiero dormir aquí en el avión.
   (b) Bien, el hotel está bien escondido.
   (c) Buena idea. Allí podemos descansar un rato.

5. Tenemos una reservación.
   (a) ¿Cómo se llaman Uds.?
   (b) Este hotel no es para Uds.
   (c) Uds. deben visitar nuestra ciudad.

G. Modismos sin verbos. Complete la oración con el modismo apropiado:

por fin	por favor	por ejemplo
de noche	al revés	al lado de
de acuerdo	en seguida	ahora mismo
por lo menos	favor de	

1. Mi casa está _____ una tienda.
2. Cuando no es de día, es _____.
3. Venga Ud. conmigo, _____.
4. _____ les voy a traer la comida.
5. ¡Ah!, _____ tenemos vacaciones.
6. En mi casa todo está _____.
7. _____ acompañarme a su habitación.

8. ¿Tienes _____ veinte dólares?
9. Pepe, ven acá. _____, mamá.
10. Camarero, tráigame el postre. _____, señor.
11. En mi escuela se enseñan varios idiomas, _____, el español y el francés.

CAPÍTULO CUARTO

Nadie duerme aquí

—Susana, ¿qué pasa? ¿Por qué no me hablas?

Javier se da cuenta de que Susana se ha dormido y dice para sí:

—¡La pobre! Debe de tener mucho sueño después de un viaje tan largo. Pero yo no tengo sueño. Voy a estudiar el plano de la ciudad. Vamos a ver, aquí está nuestro hotel, y aquí . . .

zzzzzz

Javier también se duerme.

(Dos horas más tarde.)

—Javier, Javier, despiértate, que son las once de la noche.

—¿Cómo es posible, si acabamos de llegar?

—Creo que hemos dormido un rato. En vez de deshacer nuestras maletas, vamos a bajar a comer y dar un paseo. Dicen que Buenos Aires es una ciudad nocturna y que nadie se acuesta temprano. Vamos a ver si es verdad.

—Primero vamos a consultar el plano de la ciudad.

—Pero es de noche; no podemos ver ningún sitio interesante.

—Sin embargo podemos planear un itinerario

se da cuenta de
realizes
se ha dormido *has fallen asleep*
para sí *to himself*

que = porque *because*

acabar de + *inf. to have just*

deshacer *unpack*

ciudad nocturna *night city*

el itinerario *route*

25

para mañana. A ver. Aquí está nuestro hotel. Vamos a buscar la Casa Rosada. Ah, aquí está. No
25 parece estar muy lejos del hotel.

—Y aquí está la Catedral, muy cerca de la Casa
Rosada, como ha dicho el recepcionista.

—Entonces mañana podemos visitar estos dos
lugares.

30 —De acuerdo. Y ahora vamos a bajar.

Susana y Javier bajan al vestíbulo del hotel y
charlan un rato con el recepcionista, quien les da
más información sobre la ciudad.

—¿Puede Ud. recomendarnos un buen restau-
35 rante? —le pregunta Javier al recepcionista.

—En esta parte de la ciudad hay muchos buenos restaurantes. En Buenos Aires se come muy
bien a cualquier hora del día o de la noche. Entren Uds. a cualquier restaurante y verán que
40 tengo razón. Pidan Uds. nuestro famoso «bife»,
que es el mejor biftec del mundo.

—Ahora tengo más hambre que nunca —dice
Javier.

—¿Dónde están algunos de esos restaurantes?
45 —pregunta Susana.

—Bueno. Al salir del hotel, vayan Uds. a la izquierda hasta llegar a la esquina. Allí encuentran
la calle Corrientes. Caminen una cuadra más hasta
llegar a la calle Lavalle. Doblen a la
50 izquierda y allí encontrarán un gran número de
restaurantes excelentes. Pueden escoger entre
ellos.

(15 minutos más tarde.)

—Susana, ¡hay tantos restaurantes en esta calle!
¿Cómo podemos escoger? Mira el nombre de ese
55 restaurante: «El Palacio de las Papas».

—Y ése se llama «El Rey de los Bifes».

---

a ver = vamos a
  ver

ha dicho *has said*

sobre *about*

se come *one eats*
cualquier *any*
verán *you will see*

el biftec *beefsteak*
que nunca *than
  ever*

bueno *O.K.*

la esquina *corner*

la cuadra *block*

doblar *to turn*

encontrarán *you
  will find*
escoger entre ellos
  *choose among
  them*

Después de leer los menús de varios restaurantes, los dos viajeros escogen «El Palacio de las Papas» porque ofrece una gran variedad de platos 60 a precios módicos.

ofrece *offers*

precios módicos *moderate prices*

(En el restaurante.)

—Buenas noches, señores. Pueden sentarse a cualquier mesa desocupada.

desocupado *unoccupied*

—Gracias. Nos sentaremos aquí y así podremos ver pasar a la gente.

Nos sentaremos aquí *We'll sit here*
así. . .gente *that way we'll be able to see the people pass by*

65 —De acuerdo. ¿Quieren tomar algo antes de ver el menú?

—No, gracias —contesta Javier—. Creo que vamos a tomar vino con la comida.

tomar *to drink*

—Perfecto. Aquí tienen la lista de vinos. Ahora 70 mismo les traigo el menú.

Ahora. . .el menú *I'll bring you the menu right away*

—No es necesario —dice Javier—. Ya sabemos lo que queremos comer: bife con papas fritas para los dos, y de tomar, media botella de vino tinto.

vino tinto *red wine*

—¿Y cómo quieren los bifes? ¿Poco cocidos, 74 medio cocidos o bien cocidos?

poco cocido *rare*

—Uno bien cocido y el otro, medio cocido.

medio cocido *medium*
bien cocido *well-done*

Al terminar la comida, que fue excelente, Susana mira su reloj y exclama:

fue *was*

—¡Dios mío! Es la una de la madrugada. ¡Qué 80 tarde es!

de la madrugada *in the morning*

—No importa; somos trasnochadores. Voy a llamar al camarero y pedir la cuenta. (Al camarero.) —Camarero, tráiganos la cuenta, por favor.

el trasnochador *night owl*

—Ya voy, señores. Son 25 pesos (unos veinti-85 cinco dólares).

Ya voy *I'm coming*

—Cuesta muy poco, comparado con una cena semejante en Nueva York, ¿verdad?

semejante *similar*

—¡Ya lo creo! Una cena semejante en Nueva York, con una botella de vino, costaría mucho 90 más.

¡Ya lo creo! *I should say so*
costaría *would cost*

—Hasta luego, señores. Regresen pronto.

—Adiós y muchas gracias. (A Susana.) —¿Y ahora adónde vamos a la una de la madrugada?

—¡A andar por la ciudad, naturalmente!

EJERCICIOS

A. Escoja la respuesta correcta:

1. ¿Por qué no habla Susana con Javier?
   (a) Ella no está allí.
   (b) Ella duerme.
   (c) Él duerme.

2. ¿Qué quiere hacer Javier?
   (a) Ver el plano de Buenos Aires.
   (b) Dormir un rato.
   (c) Despertar a Susana.

3. ¿Cuánto tiempo duermen Susana y Javier?
   (a) Unos minutos.
   (b) Dos horas.
   (c) Once horas.

4. Después de dormir, ¿qué hacen los dos?
   (a) Ponen la televisión.
   (b) Se bañan.
   (c) Pasean.

5. ¿Para qué consultan el plano de Buenos Aires?
   (a) Para visitar algunos sitios.
   (b) Para buscar su hotel.
   (c) Para ir a otra ciudad.

6. ¿Qué hace el recepcionista?
   (a) Les recomienda un buen restaurante.
   (b) Los acompaña a la Casa Rosada.
   (c) Les da información.

7. ¿Dónde hay varios restaurantes buenos?
   (a) En la calle Lavalle.
   (b) En la calle Corrientes.
   (c) En la esquina.

8. ¿Por qué entran Susana y Javier al «Palacio de las Papas»?
   (a) Porque les gusta el nombre.
   (b) Porque no tienen que pagar mucho.
   (c) Porque es muy grande.

9. ¿Qué ven desde su mesa?
   (a) Las otras mesas.
   (b) Una película.
   (c) La calle.

10. ¿Por qué no necesitan el menú?
    (a) Porque ya saben lo que van a comer.
    (b) Porque sólo quieren tomar vino.
    (c) Porque el camarero no es simpático.

11. ¿Qué exclama Susana?
    (a) Que es tarde.
    (b) Que no le gusta el bife.
    (c) Que quiere más vino.

12. ¿Qué piensan Susana y Javier de la comida?
    (a) Que es terrible.
    (b) Que es muy barata.
    (c) No tienen opinión.

13. Después de salir del restaurante, ¿qué hacen Susana y Javier?
    (a) Caminan por la ciudad.
    (b) Van directamente al hotel.
    (c) Le gritan al camarero.

B. Vocabulario. Complete la oración con una palabra sacada del capítulo:

1. El _____ entre Nueva York y Buenos Aires es muy largo.
2. Buenos Aires y Nueva York son dos _____ grandes.
3. Un sinónimo de «el sitio» es _____ .
4. En este _____ se come muy bien.
5. «La derecha» es el antónimo de «la _____».
6. Para decidir qué comer, consultamos el _____ .
7. Quiero _____ café después de la _____ .
8. Para saber la hora, miro el _____ .
9. El hombre que nos sirve en el restaurante es el _____ .
10. Esta _____ es muy deliciosa.
11. _____ y «caminar» son sinónimos.

C. Resumen. Rearrange the following statements to form a summary of the chapter:

1. Charlan un rato con el recepcionista.
2. Allí piden bife con vino tinto.
3. Por eso se duermen.
4. Pero primero consultan el plano.
5. Susana y Javier tienen sueño.
6. Salen del restaurante a la una de la madrugada.
7. Susana y Javier escogen un restaurante.
8. El recepcionista les dice dónde pueden encontrar varios restaurantes.
9. Deciden dar un paseo por la ciudad antes de acostarse.
10. Y quieren ver la ciudad antes de cenar.
11. Mañana van a visitar varios lugares.
12. A las once de la noche se despiertan.

D. Modismos sin verbos. Complete cada oración con uno de los modismos siguientes:

En vez de	No importa	Hasta luego
Sin embargo	¡Ya lo creo!	Ahora mismo
A ver	¿Verdad?	

1. _____ estudiar vamos a mirar la televisión.
2. Adiós, Pedro. _____, María.
3. —Esa muchacha es muy bonita.

   —_____
4. —Señor profesor. No tengo mi tarea hoy.

   —_____, Juanito. Haga su tarea para mañana.
5. Ud. es el señor López, _____
6. —Camarero, tráigame la cuenta, por favor.

   —_____, señora.
7. No podemos visitar el museo hoy. _____, tenemos tiempo para ver la catedral!
8. _____, ¿qué tengo que estudiar para este examen?

E. Modismos con verbos. Haga las oraciones en español según los modelos:

1. I'm very sleepy. Tengo mucho sueño.
   She's very sleepy.
2. Are they very hungry? ¿Tienen ellos (ellas) mucha hambre?
   Are you (familiar singular) very hungry?

3. She's going to travel. Ella va a viajar.
   She's going to study.
4. I've just arrived. Acabo de llegar.
   I've just eaten.
5. We enter class at 8:00. Entramos a la clase a las ocho.
   They enter school at 7:00.
6. Who is taking a walk today? ¿Quién da un paseo hoy?
   Javier is taking a walk.
7. On arriving home, they go to bed. Al llegar a casa, ellos (ellas)
   se acuestan.
   On leaving school, they take the bus.

F. **Diálogos. Escoja la respuesta lógica:**

1. No conozco bien esta ciudad.
   (a) Debes consultar el plano.
   (b) Es verdad. Los restaurantes son buenos.
   (c) Y yo quiero tomar vino.

2. Yo tengo mucha hambre.
   (a) Vamos a visitar un museo.
   (b) Esta película es muy interesante.
   (c) Vamos a buscar un buen restaurante.

3. Buenas tardes. ¿Qué van a tomar Uds.?
   (a) Queremos ver ese programa.
   (b) Nos gusta leer este periódico.
   (c) Primero deseamos ver el menú.

4. Son las tres de la madrugada.
   (a) Debemos volver al hotel.
   (b) Hace mucho sol.
   (c) Ahora los niños van a la escuela.

5. Me gusta este lugar.
   (a) Mi padre es abogado también.
   (b) ¡Y hay tanto que hacer aquí!
   (c) Pero yo prefiero vino.

G. **(Optional exercise) Imagine that you are the receptionist at the hotel of Susana y Javier. Draw a sketch showing the way from the hotel to the restaurants on Lavalle Street.**

CAPÍTULO QUINTO

¡*De veras es rosada!*

—Mira cuánta gente hay en las calles a la una de la madrugada —comenta Javier.

—Los porteños son trasnochadores como nosotros.

5 Susana y Javier pasean por varias calles sin rumbo fijo. Al fin deciden volver al hotel para acostarse.

(Al día siguiente.)

Susana y Javier se despiertan temprano con ganas de visitar la ciudad de día. Bajan a la 10 cafetería del hotel para tomar el desayuno.

—Buenos días, señores. ¿Van a desayunar?

—Sí, señorita —contesta Javier—. Yo voy a tomar una taza de chocolate caliente y mi esposa va a tomar un café solo.

15 —De acuerdo. Y, ¿no quieren una ración de medias lunas? Los porteños decimos que las de Buenos Aires son las mejores del mundo.

—¡Claro que sí! Y tráigalas con mucha mantequilla y mermelada.

20 Durante el desayuno, los dos viajeros planean una excursión a pie por la ciudad. Mientras tratan de decidir dónde empezar, la camarera les ofrece ayuda.

de veras *really*
cuánta gente
  how many people
el porteño
  *inhabitant of
  Buenos Aires*

rumbo fijo *fixed
  course*

la gana *desire*

el café solo *black
  coffee*
la ración *portion*
la media luna
  croissant
los porteños
  decimos *we people
  in Buenos Aires
  say*
las de *those of*
claro que sí *of
  course*
la excursión a pie
  walking tour
les ofrece *offers
  them*

—De modo que Uds. quieren ver la ciudad an-
25 dando. ¿En qué puedo ayudarlos?

    —Gracias. Usted es muy amable. Deseamos
empezar nuestra excursión en la Plaza de Mayo.
Según el plano esta plaza parece ser el corazón
de la ciudad.

30   —Uds. tienen razón. Permítanme sugerirles
una ruta. Si siguen esta ruta, van a ver los lugares
más interesantes del centro de Buenos Aires.

de modo que *so
that*
andando *on foot*
¿En qué puedo
ayudarlos? *How
can I help you?*

Permítanme
sugerirles *Let me
suggest to you*

Al salir del hotel, después de darle las gracias a la camarera por su ayuda, Susana y Javier doblan

35 a la derecha y caminan por la calle Florida, y siguiendo las indicaciones de la camarera, llegan sin problemas a la Plaza de Mayo. Lo primero que buscan es la Casa Rosada, que está en la parte este de la plaza.

40 —¡No lo creo! —exclama Susana—. ¡No lo creo!

—¿Qué no crees?

—¡De veras es rosada!

—¿De qué hablas?

45 —Hablo de la Casa Rosada, que es rosada.

—Y, ¿por qué no? Según la descripción, la Casa Rosada es rosada.

—Es verdad, pero a veces las descripciones no son exactas. Ahora vamos a la Catedral, que está

50 muy cerca de aquí al noroeste. Quiero ver la tumba de José de San Martín.

Antes de entrar a la catedral, Susana y Javier leen una inscripción que se halla cerca de la entrada:

55   AQUI DESCANSAN
LOS RESTOS
DEL CAPITAN GENERAL
D JOSE DE SAN MARTIN
Y DEL

60   SOLDADO DESCONOCIDO
DE LA INDEPENDENCIA
¡SALUDALOS!

La visita a la tumba fue muy corta debido a la multitud de personas.

65 —Y ahora, según el plano, si seguimos la avenida de Mayo, llegamos a la avenida Nueve de Julio —dice Javier.

---

doblar *to turn*

siguiendo las indicaciones *following the directions*
lo primero *the first thing*
este *east*

el noroeste *northwest*

que se halla *located*

debido a *due to*

Cuando llegan a la avenida Nueve de Julio, Susana exclama:

70 —¡Caramba! ¡Qué ancha es esta avenida! ancho *wide*

—Es verdad. Algunos dicen que es la avenida más ancha del hemisferio occidental. Otros dicen que es la más ancha del mundo.

—Allí está el famoso Obelisco. Según la guía,
75 este obelisco conmemora el 400 (cuatrocientos) aniversario de la fundación de Buenos Aires en 1536. la fundación *founding*

—Vamos a caminar un poco más hasta el Teatro Colón, mencionado por el recepcionista mencionado *mentioned*
80 del hotel.

—Mira. Allí está, al otro lado de la avenida.

—¡Qué bello! La guía dice que el teatro tiene cabida para 3.500 personas y que la acústica es la cabida *capacity* casi perfecta —dice Javier.

85 —Vamos a regresar al Obelisco, para andar por regresar *to return* la calle Corrientes, llamada por muchos el «Broadway» de Buenos Aires —sugiere Susana. Pronto, los viajeros llegan otra vez a la calle Florida, donde doblan a la izquierda.

90 Hay mucha gente en esta calle, y por todas por todas partes *everywhere* partes se oyen los famosos tangos, el baile tra- se oyen *you can hear* dicional de los argentinos.

Al cabo de unos minutos llegan al final de la al cabo de *at the end of* calle Florida, donde se encuentra la Plaza de San el final *the end*
95 Martín, un parque magnífico en que se reúnen se reúnen *get together* los habitantes del centro de la ciudad.

—Javier, ponte delante de la estatua de José de ponte *put yourself* San Martín.

—¿Por qué?

100 —Porque quiero fotografiar a dos hombres fa- mosos: José de San Martín y Javier Rivera.

—¡Claro! Los dos somos grandes héroes.

—Y ahora al cementerio.

—¡Cementerio! ¿Qué cementerio?

EJERCICIOS

A. Todas las oraciones son falsas. Diga cada oración correctamente:

1. Los habitantes de Buenos Aires por lo general se acuestan temprano.
2. Después de volver a su hotel, Susana y Javier deciden dar un paseo por la ciudad.
3. Al día siguiente Susana y Javier se levantan tarde.
4. Los dos quieren regresar a Nueva York.
5. Toman el desayuno en un restaurante cerca del hotel.
6. Desean visitar la ciudad en taxi.
7. Un camarero les ofrece ayuda.
8. Para llegar a la calle Florida, andan por la Plaza de Mayo.
9. Primero visitan la Catedral y luego la Casa Rosada.
10. La tumba de San Martín está cerca de la Catedral.
11. El Obelisco está en la Plaza de Mayo.
12. En el Teatro Colón pueden ver una corrida de toros.
13. La avenida Nueve de Julio es el «Broadway» de Buenos Aires.
14. El tango es un baile popular norteamericano.
15. Susana saca una foto de José de San Martín junto a la estatua de Javier Rivera.

B. Sinónimos. Busque los sinónimos de las palabras en letras oscuras:

1. Susana y Javier se acuestan a las dos de la **mañana.**
2. Los dos siempre **caminan** por la noche.
3. Aquí tengo **algunas** fotos.
4. Deseo **regresar** a casa temprano.
5. ¿Dónde quieren Uds. **comenzar** su paseo?
6. Ellos no **desean** ver ese lugar.
7. Sigan **caminando** por esta calle.
8. Vamos a planear **un viaje.**
9. Esos **sitios** son muy interesantes.
10. Este edificio es muy **hermoso.**
11. ¿Quieres visitar la tumba? **¡Seguro!**

C. Antónimos. Busque los antónimos de las palabras en letras oscuras:

1. Los dos **se duermen** en seguida.
2. Vamos a llegar **tarde.**

3. **De noche** todo parece diferente aquí.
4. Susana y Javier **suben a** su cuarto.
5. Son las **peores** comidas del mundo.
6. Tenemos que **terminar** la lección ahora.
7. Uds. tienen que **entrar al** edificio.
8. **Antes de** entrar, deben pagar.
9. Vayan a la **izquierda.**
10. Mi casa está **lejos de** la escuela.
11. Ellos viven **allí.**
12. Esta excursión es muy **larga.**
13. La calle es muy **estrecha.**
14. Mi escuela es **menos** bonita que tu escuela.
15. Mis hermanos siempre **pierden** dinero.
16. La estatua está **detrás de** la iglesia.

D. **Resumen. Find the phrase in Column B that completes the statement started in Column A:**

A	B
1. Susana y Javier pasean	(a) es la Plaza de San Martín.
2. Pero por fin	(b) hacen planes para el día.
3. Al día siguiente	(c) regresan al hotel.
4. Primero toman el desayuno	(d) la Casa Rosada.
	(e) la tumba de José de San Martin.
5. Durante el desayuno	
6. Reciben ayuda	(f) saca una foto de Javier.
7. El primer lugar que visitan es	(g) van a visitar la ciudad.
	(h) vuelven a Nueva York.
8. Luego visitan	(i) por Buenos Aires.
9. Aquí está	(j) en su hotel.
10. Después van a	(k) de la camarera.
11. El último lugar que visitan	(l) la Catedral.
	(m) otros sitios de interés.
12. Allí Susana	(n) se sientan en un banco.

E. **Definiciones. Busque las palabras definidas:**

1. los habitantes de Buenos Aires
2. el edificio donde pasamos la noche en otra ciudad
3. es como un restaurante
4. lo que comemos por la mañana

5. la señorita que nos sirve en un restaurante
6. el libro que nos da información para el viaje
7. sitio donde hay flores, bancos, lagos, etc.
8. la persona que vive en una ciudad o un país

F. Modismos con verbos. Haga las oraciones según los modelos:

1. I'm trying to study. Trato de estudiar.
   She's trying to work.
2. Are they right? ¿Tienen ellos razón?
   Am I right?
3. We thank the waiter. Le damos las gracias al camarero.
   They're thanking the waitress.
4. At what time do we arrive at Buenos Aires? ¿A qué hora llegamos a Buenos Aires?
   At what time does he arrive at New York?
5. Where is the music heard? ¿Dónde se oye la música?
   Where is the statue seen?

G. Modismos sin verbos. Complete cada frase con uno de los modismos siguientes:

Al día siguiente	De veras
¡Claro que sí!,	Por todas partes
a pie	Al cabo de

1. ¡_____ es un alumno excelente!
2. _____, Susana y Javier se levantan muy temprano.
3. No quiero tomar el autobús; vamos _____.
4. ¿Quieres ganar la lotería? _____
5. _____ tres horas el avión llega a Lima.
6. _____ se ven ruinas de la civilización antigua.

H. (Optional exercise) The inscription on the entrance to the cathedral, page 35, is printed in capital letters and does not contain any accent marks.

1. Copy the inscription with the accent marks in the proper places.
2. Tell what the D before the name on line 4 stands for.
3. Translate the entire inscription into English.
   (You may have to enlist the aid of your teacher for this exercise.)

I. (Map Question) Using the information that you have read in chapters 3, 4, and 5, locate the following places on the map of Buenos Aires. Use the following expressions:

estar situado en	*to be located at*
estar entre. . . y . . .	*to be between . . . and . . .*
estar al oeste (etc.) de	*to be to the west (etc.) of . . .*

First identify the place by the number on the map and then give its location with respect to other streets, places, etc.:

1. Susana and Javier's hotel
2. The restaurant area described by the hotel receptionist
3. the Cathedral
4. la Casa Rosada
5. el Obelisco
6. el Teatro Colón
7. la Plaza de San Martín

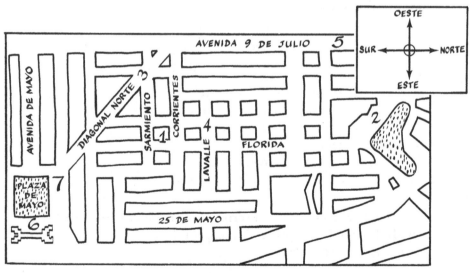

BUENOS AIRES (CENTRO)

CAPÍTULO SEXTO

Vamos a La Boca

—El famoso Cementerio de la Recoleta, donde están enterradas muchas personas famosas, como Eva Perón o «Evita», como la llaman, la primera esposa del exdictador Juan Domingo Perón
5 —dice Susana.

enterrado *buried*

—¡Ah!, ahora lo recuerdo. Dice aquí en la guía que no queda muy lejos del centro de la ciudad. Sólo hay que tomar el autobús para llegar allí.

no queda = no está

Después de descansar durante una hora, Su-
10 sana y Javier se ponen en marcha hacia el Cementerio de la Recoleta. La visita a las tumbas de personajes famosos de la historia de la Argentina les resulta muy interesante. Susana y Javier se divierten pasando por las numerosas calles y
15 pasillos. De pronto oyen un timbre que indica que van a cerrar el cementerio. Pero, por desgracia, no saben dónde está la salida.

el personaje *personage*
les resulta *proves to be*
el pasillo *passageway*
de pronto *suddenly*
por desgracia *unfortunately*
perdido *lost*

—Susana, creo que estamos perdidos. ¿Qué vamos a hacer?

20 —¡Ay, no! Si no encontramos la salida, vamos a tener que dormir aquí toda la noche.

—Allí hay un guardia. Vamos a preguntarle cómo se sale de aquí. (Al guardia.) —Señor, por favor. ¿Dónde está la salida?

cómo. .aquí *how to get out of here*

25 —Está muy cerca, a la vuelta de la esquina.

a. . .esquina *around the corner*

41

Pero dénse prisa, que ya están cerrando el cementerio.

—Gracias, señor. (A Susana.) —Vamos a correr.

30 Los dos llegan a la salida en el momento en que un guardia está cerrando la puerta.

—Espere, por favor. Déjenos salir —grita Javier.

—Uds. tienen mucha suerte. Un minuto más 35 y se quedan aquí toda la noche.

—¡Ay, Dios mío! ¡Qué desastre! —grita Susana.

Al salir del cementerio, Susana y Javier ven enfrente muchos restaurantes y cafés al aire libre. 40 Como los dos están un poco cansados, deciden entrar a uno de los cafés para pedir algo de beber y planear sus actividades para el resto del día. Como el café está muy concurrido, tienen que compartir una mesa con otra pareja.

45 —Hola, ¿qué tal? Soy Javier Rivera y ésta es mi esposa Susana.

—Encantado. Soy Adolfo Ferrari y ésta es mi esposa Mariana.

—¿Viven Uds. en Buenos Aires? —pregunta 50 Susana.

—Sí, pero somos italianos —contesta Mariana.

—¡Ah!, sí. Dicen que en Buenos Aires hay muchos extranjeros, sobre todo italianos.

—Es verdad. Los porteños son de distintas 55 partes del mundo. ¿De dónde son Uds.?

—Somos de Nueva York y estamos aquí de visita —contesta Javier.

—¿Y qué otros países han visitado Uds?

—Éste es el primer país de Sudamérica. Pensamos visitar otros países.

60 —Y, ¿han visto muchas partes de Buenos Aires?

—Sólo hace dos días que estamos aquí. Pero

---

dénse prisa *hurry up*

la puerta *gate*
Déjenos salir *let us go out*

enfrente *across the street*

concurrido *crowded*
compartir *share*
la pareja *couple*

extranjero *foreigner*
sobre todo *above all*

de visita *as visitors*
han visitado Uds. *have you visited*

han visto *have you seen*

sólo. . .aquí *we've only been here (for) two days*

ya hemos recorrido una parte de la ciudad —res-
65 ponde Susana.

—¿Han ido a La Boca? —pregunta Mariana.

—Todavía no. ¿Vale la pena visitarla?

—Claro. Es un barrio italiano que conserva el
sabor de una aldea típica italiana.

70 —Todavía es temprano —dice Adolfo.

—Y nosotros no tenemos mucho que hacer. Si
Uds. quieren, los invito a ir a La Boca con
nosotros. Desde aquí solamente se tarda 20
minutos en taxi. ¿Qué les parece?

75 —¿Qué crees, Susana? ¿Quieres ir a La Boca?

—¡Cómo no! Y con unos guías tan simpáticos.

hemos recorrido
we have
gone through

todavía no *not yet*
¿Vale la pena? *Is*
it worthwhile?
el barrio
neighborhood
el sabor *the flavor*
los invito *I invite*
you
solamente . . .
minutos *it takes*
only takes 20
minutes
¿Qué les parece?
What do you
think of the idea?
Y. . .simpáticos
And with such
nice guides

(20 minutos más tarde.)

El taxista deja a las dos parejas en la calle Necochea, la calle principal de La Boca. Mientras
los cuatro se pasean por este barrio, ven unas
80 casas viejas pintadas de muchos colores. Algunas
de ellas tienen las paredes exteriores llenas de
graciosos dibujos. En cada calle hay unos restaurantes pequeños llamados «cantinas». Y desde el
interior de cada cantina se puede oír a la vez mú-
85 sica y la voz de un camarero cantante.

 —¿Cómo se llama aquel puente? —pregunta
Javier.

 —Es el puente Avellaneda, que pasa encima del
Riachuelo[1] —responde Adolfo—. Desde el
90 puente hay una vista excelente de todo el barrio.
¿Quieren cruzarlo?

 —¡Cómo no! —exclama Susana—. ¿Y tú, Javier?

 —Pues, vamos ahora mismo.

(En el puente.)

95 —¡Qué magnífica vista de La Boca! Se puede
ver toda el área —dice Javier.

 —Les gusta, ¿eh? —dice Adolfo—. Esta parte
de la ciudad es muy pintoresca. Pero, se hace
tarde. Debemos volver al centro.

100 Al regresar otra vez al centro de Buenos Aires,
Susana y Javier se despiden de Mariana y Adolfo,
les dan las gracias por su compañía y les pro-
meten telefonearles. Cuando llegan al hotel, los
dos charlan un rato con el recepcionista.

105 —¿Qué tal les ha ido en Buenos Aires? —les
pregunta el recepcionista.

Glosses (right margin):

algunas de ellas *some of them*

graciosos dibujos *funny drawings*

a la vez *at the same time*
cantante *singing*

ahora mismo *right now*

se hace *it's getting*

despedirse de *to say good-bye to*
les dan las gracias *thank them*
telefonearles *call them up*
¿Qué. . .Aires? *How have you found Buenos Aires?*

---

[1]**Riachuelo:** the name of the river that passes through La Boca.

—Estupendo —contesta Javier. Hemos pasado el día visitando varios lugares interesantes.

—¡Ah! Ya son porteños de verdad.

110 Susana y Javier, como Uds. ven, no son turistas típicos que viajan en grupos. Son muy independientes. Les gusta pasar los días y las noches paseando por la ciudad, viendo cosas, hablando con los habitantes y también les gusta

115 gozar de la libertad de ir adondequiera. Ya hace poco más de una semana que están en Buenos Aires y deciden que es hora de visitar las cataratas.

hemos pasado *we have spent*

de verdad *truly*

paseando *strolling*

gozar de *to enjoy*
adondequiera *anywhere*
Ya. . .semana *It's already been a little more than a week*
es hora de *it's time to*
las cataratas *the waterfalls*

EJERCICIOS

A. Sinónimos. Busque en el capítulo el sinónimo de las palabras en letras oscuras:

1. ¿Qué **responde** Susana a Javier?
2. Argentina y Bolivia son **naciones** de Sudamérica.
3. Vivimos en **un pueblo** del Perú.
4. Los dos amigos **andan** por la ciudad.
5. ¿Qué **desean** hacer Susana y Javier?
6. Quiero **regresar** a Buenos Aires.
7. Susana y Javier **dicen adiós a** sus amigos italianos.
8. Esto es **magnífico.**
9. Deseo visitar muchos **sitios** de este país.

B. Antónimos. Busque el antónimo de las palabras en letras oscuras:

1. Yo siempre **olvido** los nombres de esas personas.
2. La Boca queda **cerca del** centro de Buenos Aires.
3. **Aquí** está el famoso cementerio.
4. **Antes de** volver al centro, vamos a comer algo.

5. El cementerio va a **abrirse** muy pronto.
6. No puedo encontrar la **entrada.**
7. Siempre **perdemos** nuestro dinero en este lugar.
8. Déjeme **entrar,** por favor.
9. Tú siempre llegas **tarde** a la escuela.
10. Hoy tenemos **poco** dinero.
11. El río pasa **debajo del** puente.
12. Me gusta vivir en **el campo.**

C. **Each question in Column A is answered by a phrase or sentence in Column B. Indicate the letter of the phrase or sentence that best answers the question:**

	A	B
1.	¿Cómo llegan Susana y Javier al Cementerio de la Recoleta?	(a) Se hace tarde.
		(b) En autobús.
		(c) Las cataratas.
2.	¿Qué hacen en el cementerio?	(d) Casas pintadas de muchos colores.
3.	¿Qué problema encuentran cuando quieren salir del cementerio?	(e) Hay una vista de La Boca.
		(f) Caminar por las ciudades.
		(g) Se quedan allí toda la noche.
4.	¿Qué hacen después de salir del cementerio?	(h) Un pequeño restaurante.
		(i) Visitan varias tumbas.
5.	¿Con quiénes se encuentran los dos en el café?	(j) A La Boca.
		(k) Con el guardia.
		(l) Con el recepcionista.
6.	¿Adónde van las dos parejas?	(m) Con una pareja italiana.
7.	¿Qué ven los cuatro al pasear por La Boca?	(n) No pueden encontrar la salida.
8.	¿Qué es una «cantina»?	(o) Van a un café al aire libre.
9.	¿Por qué cruzan el Puente Avellaneda?	
10.	¿Por qué deciden volver al centro?	
11.	¿Con quién hablan Susana y Javier al volver a su hotel?	
12.	¿Qué les gusta hacer cuando viajan?	

13. Después de estar en
    Buenos Aires durante
    una semana, ¿qué van a
    visitar Susana y Javier?

D. **Definiciones. Busque las palabras definidas:**

1. un grupo de dos personas
2. los habitantes de Buenos Aires
3. un período de veinticuatro horas
4. el sonido producido por un instrumento musical
5. una estructura que pasa encima de un río
6. una persona que viaja en grupo con guía

E. **Resumen. Complete cada oración con las palabras apropiadas. (Each dash represents a word):**

1. Susana y Javier deciden visitar el ____ ____ ____ ____.
2. Aquí ven las ____ de ____ ____ de la ____.
3. Cuando Susana y Javier oyen el ____, saben que tienen que ____ del ____.
4. No pueden encontrar la ____.
5. Por fin ____ del ____ y entran en un ____ al ____ ____.
6. Allí encuentran a una ____ muy simpática.
7. Después de conversar un poco, el grupo decide ir a ____ ____, el ____ italiano de ____ ____.
8. En esta parte de la ciudad ven cosas muy interesantes, como el ____ ____, que pasa ____ ____ Riachuelo.
9. Pero se hace ____ y tienen que ____ al ____.
10. Susana y Javier se despiden de ____ y ____ y regresan a su ____.
11. Charlan ____ ____ con el ____.
12. Después de una semana en ____ ____, deciden ir a ____ ____.

F. **Modismos con verbos. Haga las oraciones según los modelos:**

1. One must eat to live. Hay que comer para vivir.
   One must study to learn.
2. I'm very lucky today. Tengo mucha suerte hoy.
   They're very lucky now.
3. What do you intend to do? ¿Qué piensas hacer?
   What does she intend to buy?

4. She enjoys good health. Ella goza de buena salud.
   We enjoy the good life.
5. Are you thanking your uncle? ¿Le das las gracias a tu tío?
   Is he thanking his grandfather?
6. When are they setting out for Iguazú? ¿Cuándo se ponen en marcha para Iguazu?
   When are we setting out for La Boca?
7. You can hear the music from here. Se puede oír la música desde aquí.
   You can see the exit from there.
8. I don't have much to do. No tengo mucho que hacer.
   He doesn't have much to study.
9. It's time to leave. Es hora de salir.
   It's time to go in.
10. We've been here for two days. Hace dos días que estamos aquí.
    I've been at home for a week.

G. Modismos sin verbos. Complete cada oración con un modismo de la lista:

de pronto	al aire libre	ahora mismo
por desgracia	todavía no	otra vez
toda la noche	a la vez	

1. Juanito, tienes que comer _____ .
2. Me gustan los cafés _____ .
3. Bailamos en la discoteca _____ .
4. _____ empieza a llover.
5. _____ mi abuelo está muy enfermo.
6. ¿Sabes tu nota en el examen? _____ .
7. Yo estudio y miro la televisión _____ .
8. Si no estás en casa, te llamo _____ .

H. Diálogo. Escoja la mejor respuesta a cada línea del diálogo:

1. Buenos días. ¿Podemos compartir su mesa?
   (a) Claro que sí. La película es magnífica.
   (b) Con mucho gusto. Siéntense, por favor.
   (c) Vayan a otra mesa. Uds. son muy feos.

2. ¿Son Uds. de aquí?
   (a) No, somos turistas.
   (b) Sí, la comida es muy buena.
   (c) No, preferimos tomar café.

3. ¿Les gusta nuestra ciudad?
   (a) Sí, porque tenemos mucha hambre.
   (b) Sí, es muy bonita y la gente es muy simpática.
   (c) No, ahora queremos oír la música.

4. Uds. deben visitar el parque zoológico.
   (a) ¡Ah!, sí; vamos mañana por la mañana.
   (b) Las películas son muy interesantes.
   (c) Buena idea. Allí podemos visitar a nuestros parientes.

5. ¿Podemos acompañarlos a Uds.?
   (a) Con mucho gusto. Este libro es muy popular.
   (b) No, gracias. Preferimos ir solos.
   (c) Sí, gracias. Preferimos ir al cine.

CAPÍTULO SÉPTIMO

Son más altas que las del Niágara

I

—Javier, tenemos que consultar a un agente de viajes para hacer preparativos para una excursión a las cataratas del Iguazú.

—No es necesario. Ya tengo los billetes de
5 avión y las reservaciones para dos noches en el Hotel Internacional.

—¡Qué sorpresa! Y, ¿cuándo partimos?

—Mañana por la mañana. ·Así que tenemos tiempo para hacer las maletas.

(Al día siguiente.)

10 Los dos trotamundos llegan al Aeropuerto Nacional para tomar el avión que los llevará a las cataratas del Iguazú. El vuelo dura una hora, y después de que recogen sus maletas, buscan un taxi. El taxista, como muchos taxistas del
15 mundo, es muy hablador y está siempre listo a dar información a sus pasajeros.

—Uds. sin duda están aquí para ver las cataratas, ¿verdad?

—Por supuesto. ¿Qué recomienda Ud.?

20 —Pues, hay que ver las cataratas desde ambos lados. ¿Cuántos días piensan quedarse aquí?

las de *those of*
hacer preparativos
to make preparations

partir *to depart*
así que *so that*

el trotamundos
globetrotter
los llevará *will take them*

hablador *talkative*
listo *ready*
el pasajero
passenger

por supuesto *of course*
ambos *both*

50

—Dos días.

—Perfecto. Hoy pueden ver las cataratas desde el lado argentino para ver el lado brasileño. Y
25 mañana pueden atravesar la frontera con el Brasil para ver el lado argentino de las cataratas. Cada país ha hecho un parque nacional alrededor de estas cataratas, y en ambos lados del río Iguazú es posible llegar frente a ellas.

30 —Pero, ¿cómo se hace esto? —pregunta Javier.

—En el lado argentino se camina por unas pasarelas y en el lado brasileño por senderos. En el lado brasileño es posible también tomar un helicóptero para gozar de una vista panorámica de
35 las cataratas.

—Esto es espléndido —dice Javier.

—Como Uds. se alojan en el Hotel Internacional, que está muy cerca de las cataratas, hoy mismo pueden verlas. Y si quieren, yo los llevaré
40 al lado brasileño. Aquí tienen mi tarjeta. Si necesitan mis servicios, llámenme a cualquier hora.

—Muy bien —dice Javier—. Creo que mañana será un buen día para ir al Brasil. Vamos a fijar la hora. ¿Cuánto tiempo dura el viaje al Brasil?

45 —No más de media hora. Estamos muy cerca de la frontera.

—Bueno. Venga Ud. mañana a eso de la una a recogernos.

—Sí, señores. Con mucho gusto. Hasta
50 mañana a la una de la tarde.

—Adiós, y muchas gracias.

Susana y Javier no tardan mucho en instalarse en el hotel. Desde la ventana pueden ver las cataratas, que están muy cerca.

55 —¡Qué emocionante! —grita Susana—. Puedo ver las pasarelas que conducen a las cataratas.

—No olvidemos la cámara fotográfica. ¡Hay tanto que fotografiar!

---

atravesar *go across*

ha hecho *has made*
alrededor de *around*
frente a *opposite*
se hace esto *is this done*
se camina *one walks*
la pasarela *catwalk*
el sendero *path*

como *since*
alojarse *to stay*
hoy mismo *this very day*
los llevaré *I'll take you*
la tarjeta *card*
cualquier *any*
será *will be*
fijar *to set*

no más de *only*

a eso de *at about*
recogernos *pick us up*

no. . .hotel *don't take long to move into the hotel*

no olvidemos *let's not forget*

Cinco minutos más tarde los dos llegan a las
60 pasarelas y empiezan su recorrido alrededor de
las cataratas. Se puede oír el estruendo de las
aguas, y la bruma que sube sobre la selva es muy
impresionante.

—Casi podemos sentir las aguas precipitarse
65 debajo de la pasarela —dice Susana.

—Allí está la Garganta del Diablo, pero
apenas se puede ver desde aquí. Hay un
camino que conduce a ella. Preguntaremos al
taxista mañana.

el estruendo *roar*

la bruma *mist*
  la selva *jungle*
impresionante
  impressive
precipitarse *to rush*

la . . .Diablo *the*
  Devil's Throat
apenas *hardly*
ella *it*
  preguntaremos
  we'll ask

70   —Yo creo que estas cataratas son mucho más impresionantes que las del Niágara. La guía dice que son más altas.

—Y además, estamos en medio de una selva tropical. Mira los pájaros que vuelan arriba. Ése
75 del pico amarillo es un tucán.[1]

   el pico *beak*

—¡Y hay tantos insectos!

—No importa. Nos hemos puesto la loción para protegernos contra ellos.

   nos hemos puesto *we have put on*

Una hora y media más tarde, Susana y Javier
80 deciden volver al hotel para descansar y nadar en la piscina.

   la piscina *swimming pool*
   veremos *we'll see*

—Mañana veremos las cataratas desde el lado brasileño —dice Javier.

—Esta noche iremos al pueblo de Puerto
85 Iguazú para cenar. Según la guía, es un pueblo muy pintoresco.

   iremos *we'll go*

El pueblo de Puerto Iguazú no queda muy lejos del hotel. Sin embargo hay que tomar un taxi para ir allí. Susana y Javier llaman al mismo ta-
90 xista, quien los lleva al pueblo. Allí encuentran un buen restaurante que tiene un menú muy variado. Mientras los dos cenan, Javier saca el mapa de Sudamérica para ver en qué parte de Argentina se encuentran.

95   —Según el mapa —dice Javier—, estamos en el nordeste del país, en la provincia de Misiones, y muy cerca de la frontera con el Brasil y con el Paraguay.

   el nordeste *northeast*

—Y estamos en plena selva —añade Susana—,
100 aunque no lo parece aquí en el pueblo.

   en plena selva *right in the jungle*

—Se dice que la mayor extensión de las cataratas del Iguazú está en la Argentina, pero hay que verlas desde el Brasil.

—¡Qué irónico!

---

[1]tucán: bird of the tropical and subtropical forests of Central and South America.

EJERCICIOS

A. Preguntas. Conteste en español con oraciones completas:

(To the student: In answering these questions, be careful not to lift the answers directly from the text since very often they are based on what the characters are saying in a direct quote. For example, in answering question 2, do not say ''Ya tengo los billetes de avión.'')

1. ¿Adónde van Susana y Javier?
2. ¿Quién tiene los billetes de avión?
3. ¿Quién les da mucha información acerca de las cataratas?
4. ¿Qué se puede ver desde el helicóptero?
5. ¿Qué pueden ver Susana y Javier desde la ventana de su habitación?
6. ¿Cómo pueden pasar a las cataratas desde el hotel?
7. ¿Cómo pueden ir a la Garganta del Diablo?
8. ¿Cuánto tiempo pasan mirando las cataratas?
9. ¿Adónde van para cenar?
10. ¿En qué parte de Argentina están las cataratas del Iguazú?

B. Cierto o falso. Si la oración es cierta, diga «cierto». Si es falsa, diga la oración correctamente:

1. El taxista no habla mucho.
2. Las cataratas están en dos países.
3. Susana y Javier van a llevar en su auto al taxista al Brasil.
4. La Garganta del Diablo es parte de las cataratas.
5. Las cataratas del Niágara son más altas que las cataratas del Iguazú.
6. El tucán es un insecto.
7. Los dos van al pueblo en taxi.
8. Hay muy poco que comer en el restaurante.
9. Javier saca el mapa para saber en qué parte de Bolivia él está.
10. El Paraguay está cerca de las cataratas del Iguazú.

C. Sinónimos. Busque el sinónimo de cada palabra en letras oscuras:

1. Vamos a hacer **un viaje** a las cataratas.
2. Susana tiene **los boletos** del tren.

3. Mañana **salimos** para Puerto Iguazú.
4. **El aeroplano** es muy pequeño.
5. ¿Te gustan las cataratas? **¡Claro!**
6. **Los dos** países son interesantes.
7. Cada **nación** es grande.
8. En mi ciudad **se anda** siempre por la acera.
9. ¡Eso es **estupendo!**
10. ¿Qué **desean** Uds. ver?
11. ¿Cuándo vamos a **regresar** al hotel?
12. ¿Dónde **están** las cataratas?

D. Antónimos. Busque el antónimo de cada palabra en letras oscuras:

1. Pasamos dos **noches** en Puerto Iguazú.
2. ¿Cuándo **llegamos?**
3. **Antes de** comer, damos un paseo.
4. Mi amigo es muy **silencioso.**
5. Nuestro hotel está **lejos del** centro.
6. ¿A qué hora **sube** tu padre?
7. Las aguas no son **bajas.**
8. ¿Qué hay **abajo?**

E. Definiciones. Dé la palabra definida:

1. el auto que nos lleva de un lugar a otro en una ciudad extranjera
2. un período de treinta minutos (dos palabras)
3. la persona que conduce un taxi
4. nos gusta nadar aquí
5. comer por la noche
6. una ciudad pequeña
7. comemos aquí cuando no queremos comer en casa
8. la lista de comidas

F. Resumen. Coloque (*place*) las oraciones en su orden correcto para formar un resumen del cuento:

1. Después de llegar al hotel, los dos se dirigen a las cataratas.
2. Los dos llegan a las cataratas después de un vuelo de una hora.
3. En el restaurante estudian el mapa de Sudamérica para saber en qué parte del país están.
4. Esa noche van al pueblo de Puerto Iguazú para cenar.

5. Pasan una hora y media recorriendo las cataratas.
6. Susana y Javier van a visitar las cataratas del Iguazú.
7. Van a su hotel en taxi.
8. No es necesario visitar al agente de viajes porque Javier ya tiene los billetes de avión.
9. Luego regresan al hotel para descansar un rato.
10. El taxista es muy amable y les da mucha información sobre las cataratas.

G. Diálogo. Complete el diálogo con las palabras apropiadas:

En un taxi

El taxista: —Buenos días, señores. ¿Adónde van?
Usted: —Vamos al _____ Nacional.
El taxista: —Muy bien. Suban . . . ¿Es ésta la primera vez que visitan las cataratas?
Usted: —Sí, señor. ¿Puede darnos _____ sobre las _____?
El taxista: —Por supuesto. ¿Qué quieren saber?
Usted: —Primero, ¿son estas _____ más _____ que las del Niágara?
El taxista: —Creo que sí. Y también son más impresionantes.
Usted: —¿Cómo podemos _____ las cataratas desde el _____ brasileño?
El taxista: —Es muy fácil. La frontera entre la Argentina y el Brasil está muy cerca de aquí. Si Uds. quieren, yo los llevo.
Usted: —¡ _____! Por favor, venga _____, a la _____ de _____ _____ .

II

Este diablo bebe mucha agua

A la una en punto de la tarde el taxista viene para llevar a Susana y Javier al Brasil.

—Disculpe, señor, ¿tienen Uds. sus pasaportes y visas? —les pregunta el taxista.

5 —Aquí los tenemos. Siempre estamos preparados.

Disculpe, señor
Excuse me, sir

—Bueno. Dentro de media hora estaremos al otro lado de la frontera.

—¿Sera posible ver la Garganta del Diablo en el
10   viaje de vuelta? —pregunta Javier.

—Por supuesto. Antes de llegar al hotel hay un camino que conduce directamente a un puente largo que los llevará al lugar. Es un espectáculo que vale la pena. Ya verán Uds.

15   Al llegar al lado brasileño, el taxista los deja a la entrada del sendero que pasa alrededor de las cataratas.

—Entren por aquí. Yo los esperaré a la salida ¡Feliz viaje!

20   —Gracias —responde Javier—. Hasta luego.

En su recorrido por los senderos, los dos sacan muchas fotos de las cataratas.

—Aquí hay mucho que ver —dice Susana—. Pero en el lado argentino se está más cerca de las
25   cataratas y casi se puede tocar el agua.

A la salida de los senderos, los dos ven un letrero que dice: «Vean las cataratas en helicóptero. Gocen de la vista panorámica desde el aire».

—¡Qué oportunidad! —exclama Javier—. ¿Qué
30   te parece, Susana?

—Magnífico. Vamos a hacer cola.

No tienen que esperar mucho tiempo. Como el helicóptero tiene cabida para cinco personas, incluso el piloto, otra pareja sube con ellos. Javier
35   se sienta al lado del piloto. En unos segundos el helicóptero sube y todos están gozando de una vista espectacular de las cataratas. A veces Javier echa una mirada al tablero de instrumentos, que encuentra fascinador.

40   Al bajar del helicóptero, Susana y Javier encuentran al taxista, que los saluda:

—¿Cómo fue el recorrido?

—¡Maravilloso! —responde Javier—. Pero el vuelo en helicóptero fue inolvidable.

Glosses (right margin):

estaremos *we'll be*

¿será. . .? *Will it be. . .?*
el viaje de vuelta *the trip back*
por supuesto *of course*
los llevará *will take you*
el espectáculo *show*
Ya verán Uds. *You'll soon see*

los esperaré *I'll wait for you*

se está *you are (one is)*
se puede tocar *you can touch*
el letrero *sign*

Gocen de *Enjoy*

¿Qué te parece? *What do you think?*

tiene cabida para *holds*

echar una mirada *to glance*
el tablero de instrumentos *the instrument panel*
fascinador *fascinating*
fue *was*
inolvidable *unforgettable*

45   —Yo creo que todo fue involvidable —añade
Susana.

—Y ahora, de vuelta a la Argentina y a la Gar-   de vuelta a *back to*
ganta del Diablo —dice el taxista.

Otra vez cruzan el puente internacional que
50 separa los dos países y en seguida llegan a la Garganta del Diablo. El taxista los lleva a un puente
bajo que pasa sobre el río Iguazú. Mientras los
dos caminan hacia la Garganta del Diablo, notan   se. . .violentas
que las aguas se ponen cada vez más violentas.   *become more and*
                                                          more violent
55   —¡Ay, caramba! —grita Susana—. Mira la cata-   Es. . .parar. *It's a*
rata. Es una nube perpetua de espuma que brota   *perpetual cloud of*
sin parar.   *foam that shoots*
                                                          up without
—La guía dice que alcanza una altura de 150   *stopping.*
metros, o sea 500 pies.   alcanzar *to reach*
                                                          o sea *or rather*
60   —Vamos a sacar muchas fotos. No quiero per-   perder *to miss*
der nada.   irse *to leave, go*
                                                          away
—Todo esto es tan emocionante que no quiero
irme.

Se van, mirando hacia atrás   hacia atrás
                                                          backwards

                 (De vuelta al taxi.)

65   —Bueno, amigos, ¿qué tal la Garganta del Dia-   ¿qué. . .Diablo?
blo?   *how was the*
                                                          Devil's Throat?
—¡Asombrosa! Nunca he visto cosa semejante   asombroso
—exclama Susana.   *astonishing*
                                                          Nunca. . .semejante.
—¿Saben Uds, por qué la llaman «La Garganta   *I've never seen*
70 del Diablo»? —les pregunta el taxista.   *anything like it.*

—Probablemente porque sólo el Diablo puede
tragar tanta agua —dice Javier.   tragar *to swallow*

—Muy bien, señor. Es una buena explicación.
Francamente no sé el origen del nombre. Hay
75 varias leyendas al respecto. Bien, ya llegamos a su   leyenda *legend*
hotel. Hasta la vista, amigos. Hasta su próxima   al respecto *about*
visita a la Argentina.   *it*

—Adiós, y muchas gracias por el recorrido
—contesta Javier.

80   Nuestros dos trotamundos vuelven a Buenos
      Aires y así termina la visita a la Argentina. Ahora
      se preparan para el próximo país de su viaje. ¿Cuál
      será?   será *will it be*

EJERCICIOS

A. Conteste en español con oraciones completas:

1. ¿A qué hora llega el taxista?
2. Qué necesitan Susana y Javier para entrar en el Brasil?
3. ¿Dónde empieza su recorrido por las cataratas?
4. Al salir de los senderos, ¿qué ven Susana y Javier?
5. ¿Cómo es el vuelo en helicóptero?
6. ¿Adónde van Susana y Javier antes de volver a su hotel?
7. Describa la Garganta del Diablo.
8. ¿Qué piensa Susana de la Garganta del Diablo?
9. ¿Por qué vuelven los dos a Buenos Aires?

B. Todas las oraciones siguientes son falsas. Diga cada oración correctamente:

1. Susana y Javier llevan al taxista al Brasil.
2. La Garganta del Diablo está en el Brasil.
3. Susana y Javier sacan fotos del taxista.
4. En el helicóptero van cuatro personas.
5. Al llegar a la Garganta del Diablo, Susana, Javier y el taxista cruzan un puente.
6. Las aguas de la Garganta del Diablo alcanzan una altura de 500 metros.
7. El taxista les da las gracias a Susana y a Javier por el recorrido.

C. Definiciones. Busque la palabra definida:

1. el documento que se necesita para viajar a un país extranjero
2. lo que separa un país de otro
3. parece ser un avión pero no es un avión
4. un minuto tiene sesenta
5. decir «hola»

D. Resumen. Busque en la columna B la frase que completa la oración que comienza en la columna A:

A	B
1. Susana y Javier van al Brasil	(a) el taxista los deja a la entrada de un sendero.
2. Javier quiere ver	(b) la Garganta del Diablo.
3. El taxista le dice que	(c) deciden subir a un helicóptero.
4. Cuando llegan al Brasil	
5. Los dos caminan por el sendero	(d) por el puente internacional.
	(e) es espectacular.
6. Cuando salen de los senderos	(f) para continuar su viaje por Sudamérica.
7. La visita desde el aire	(g) en taxi.
8. Cuando bajan del helicóptero	(h) se llama la Garganta del Diablo.
9. Ahora regresan a la Argentina	(i) la pueden ver al volver a la Argentina.
10. Antes de volver al hotel	(j) y sacan muchas fotos.
11. Tienen que regresar a Buenos Aires	(k) ven al taxista.
	(l) van a ver la Garganta del Diablo.
	(m) le dan las gracias.

CAPÍTULO OCTAVO

¿Qué hace él en Lima?

I

—Atención, pasajeros. Dentro de cinco minutos vamos a tomar tierra en el Aeropuerto Internacional Jorge Chávez. Favor de abrocharse los cinturones y de no fumar. La temperatura en
5 Lima es de 15 grados centígrados, o sea 59 grados Fahrenheit. Al aterrizar, por favor permanezcan sentados hasta que el avión se haya parado por completo. Gracias por haber viajado en AeroPerú.
10 —¿En qué hotel tenemos reservación, Javier?

—En el Hotel Bolívar, que está en el centro de la ciudad, al lado de la Plaza de San Martín.

—¡Ah!, Lima también tiene una Plaza de San Martín.
15 —¿Recuerdas que José de San Martín fue el gran héroe de la independencia del Perú?

—Y nuestro hotel lleva el nombre del gran libertador de Sudamérica, Simón Bolívar.

Cuando Susana y Javier salen de la terminal del
20 aeropuerto, oyen una voz que grita:

—¿Señores Rivera? ¿Señores Rivera?

—Javier, ese hombre nos llama.

—Debe de ser del Hotel Bolívar. Vamos a ver. (Al señor.) —Somos los señores Rivera. ¿Es Ud.
25 del Hotel Bolívar?

—Sí, señor. Hagan el favor de seguirme al auto.

tomar tierra *to land*

o sea *or rather*

permanezcan *remain*

se. . .completo *has stopped completely*

por haber viajado *for having traveled*

debe de ser *it must be*

61

(En el auto.)

—Bienvenidos a Lima. ¿De dónde vienen
Uds.?

—Venimos de Buenos Aires, donde hemos pa-
30 sado quince días —responde Javier.

—Y, ¿les gustó la Argentina?

—Sí, muchísimo. Dígame, ¿qué tiempo hace
aquí en Lima?

—Pues, realmente estamos en invierno. Pero
35 no hace tanto frío como en otros lugares. Esta
es la época de la garúa.

—¿Garúa? ¿Qué es la garúa? —pregunta Susana.

—Pues, casi todas las mañanas cae una llo-
40 vizna que muchas veces dura casi todo el día.
Pero eso ocurre sólo en Lima. Sin embargo, a
unos minutos fuera de la ciudad hace mucho sol
y se puede nadar todo el año.

—¡Qué raro! —comenta Susana.

45 —Aquí llegamos al hotel. Que gocen de su visita a Lima.

—Adiós, y gracias por la información —dice Javier.

Susana y Javier no tardan mucho tiempo en
50 instalarse en el hotel porque tienen ganas de ver
muchos lugares de interés en Lima. Como les
gusta andar, se dirigen hacia el jirón de la Unión,
una calle importante que está muy cerca del hotel. A un extremo de esta calle está la Plaza de
55 San Martín, y al otro extremo está la Plaza de
Armas.

—Javier, ¿qué dice la guía acerca de la Plaza de
Armas?

—Voy a ver. Dice que en esta plaza, Pizarro,
60 el conquistador del Perú, fundó la ciudad de
Lima en 1535. Los restos de Pizarro están sepultados en la Catedral, que está situada a un

Glosas (margen derecho):

quince días *two weeks*

¿les gustó la Argentina? *Did you like Argentina?*

cae *(it) falls*
la llovizna *drizzle*
eso ocurre *that happens*

¡Qué raro! *How odd!*
que gocen de *may you enjoy*

se dirigen = van
el jirón = la calle

fundó *founded*

sepultado *buried*

lado de la plaza, entre jirón Junín y jirón Hua-
llaga. . .y muy cerca, al otro lado de la plaza,
65 está el Palacio de Gobierno, donde vive el presidente del Perú.

Susana y Javier llegan a la Plaza de Armas, y
en el momento en que cruzan la plaza rumbo a   rumbo a *heading*
la Catedral, oyen una voz.   *toward*

70 —¡Profesora, profesora!

—Susana, parece que alguien te llama.

Susana mira hacia atrás y ve a uno de sus   hacia atrás
alumnos de la universidad.   *backwards*

—Miguel Gandía, ¿qué haces aquí en Lima?

75 —¿No recuerda Ud. que soy de Lima y que mi
familia todavía vive aquí? Este verano he venido
para visitarlos y para ayudar a mi padre en su
negocio.   el negocio *business*

—¡Ah¡, sí, ahora lo recuerdo. Tú conoces a mi
80 marido, ¿no?

—Sí. ¿Cómo está Ud., señor Rivera?

—Muy bien, Miguel. Me alegro de verte otra   Me alegro de *I'm*
vez. ¿Cómo están tus padres y tus hermanos?   *glad to*

—Todos están muy bien a pesar de la situación   a pesar de *in spite*
85 económica del país, que afecta a los negocios de   *of*
mi padre.

—La inflación es un problema por todas partes   por todas partes
—dice Javier.   *everywhere*

—¿Acaban Uds. de llegar a Lima?   acaban Uds. de
90 —Sí, hace poco, pero ya estamos paseando por   *have you just*
la ciudad.   hace poco *a short*
                                                     time ago
—Uds. tienen que visitarnos una noche y cenar
con nosotros.

—Con mucho gusto, pero primero queremos
95 conocer la ciudad un poco.

—Yo puedo ser su guía. ¿Qué quieren ver?

—Tenemos una lista de tantos lugares, —dice
Susana— que no sabemos dónde empezar.

—Déjenme ver la lista —la Catedral, el Museo   Déjenme *Let me*
100 del Oro, el Museo Larco Herrera, Miraflores,

Callao, Pachacámac. . .¡Vaya una lista! Creo que deben ver primero los sitios que están en Lima. Otro día pueden visitar los lugares que se encuentran en las afueras de la ciudad, como Ca-
105 llao y Pachacámac. En cuanto a Miraflores, ésa es la sección moderna de la ciudad donde se encuentran las casas y los hoteles más lujosos. Tengo una idea. ¿Por que no vienen esta noche a cenar con nosotros? Mis padres estarán encan-
110 tados de conocerlos. Y después de comer podemos ir a Miraflores. ¿Qué les parece la idea?

—Estupendo —contesta Susana—, si no es demasiado trabajo para tu mamá.

—No, no. De ningún modo. La voy a llamar
115 ahora mismo. Espérenme aquí.

Miguel se dirige hacia una cabina telefónica que está cerca. Entretanto Susana y Javier se sientan en un banco y miran a la gente que pasa. Hay todo tipo de personas: comerciantes vesti-
120 dos con trajes elegantes, mujeres con sus bebés, soldados que vigilan la plaza, mendigos que piden dinero y niños que juegan a la pelota.

—Señores Rivera, todo está arreglado para esta noche. ¿A qué hora puedo recogerlos?
125 —Bueno, necesitamos tiempo para descansar. ¿A las ocho?

—De acuerdo. A las ocho estaré en su hotel. Y ahora con su permiso, tengo unos encargos que hacer para mi padre. Hasta las ocho, en-
130 tonces.

—Hasta luego, Miguel. Y, muchísimas gracias.

Vaya una . . .
What a. . .

las afueras *outskirts*
en cuanto a *as for*

más lujosos *most
luxurious*

estarán. . .
conocerlos *will
be thrilled to meet
you*
¿Qué les parece
. . .*What do you
think of. . .?*
De ningún modo
No way

entretanto
meanwhile

el mendigo *beggar*

arreglado *arranged*

el encargo *errand*

EJERCICIOS

A. Conteste con oraciones completas en español:

1. ¿Cómo se llama el aeropuerto de Lima?
2. ¿Quién fue José de San Martín?

3. ¿Quién fue el libertador de Sudamérica?
4. ¿Cómo van a su hotel Susana y Javier?
5. ¿Qué es la «garúa»?
6. ¿Quién fue Pizarro?
7. ¿Qué hay en la Catedral de Lima?
8. ¿Quién es Miguel Gandía?
9. ¿Para qué está Miguel en Lima ahora?
10. ¿Adónde invita Miguel a Susana y a Javier?
11. ¿A qué hora va Miguel a recoger a Susana y a Javier?

B. **Cierto o falso. Si la oración es cierta, diga «cierto». Si es falsa, diga la oración correctamente:**

1. Susana y Javier vuelan en un avión de la línea AeroPerú.
2. El hotel Bolívar está en el centro de la Plaza de San Martín.
3. Un señor del Hotel San Martín viene a buscar a Susana y Javier.
4. Hay garúa en todo el Perú.
5. Susana y Javier quieren visitar varios lugares de Lima.
6. Javier no sabe quién es Miguel.
7. Susana dice que la inflación es un problema por todas partes.
8. El Callao está en las afueras de Lima.
9. Miraflores es la parte moderna de Lima.
10. En la Plaza de Armas hay niños que piden dinero.
11. Todos salen de la casa de Miguel a las ocho.

C. **Sinónimos. Busque el sinónimo de cada palabra en letras oscuras:**

1. El hotel está **junto a** la plaza.
2. Este **señor** es muy amable.
3. Mi **automóvil** es nuevo.
4. Hay llovizna **solamente** en la ciudad.
5. ¿Dónde **reside** su abuelo?
6. **El esposo** de Susana se llama Javier.
7. Susana está **dando un paseo** por la ciudad.
8. Vamos a **comenzar** nuestro viaje por Bolivia.
9. Uds. **tienen que** visitar a mi familia.
10. Los museos **están** en el centro.
11. Vamos a **telefonear** a Miguel.

D. Antónimos. Busque el antónimo de cada palabra en letras oscuras:

1. Estamos **de pie** delante de la estatua.
2. Juanito, tú siempre **olvidas** que es la hora de comer.
3. Tenemos **muy poco** que hacer.
4. **El invierno** es mi estación favorita.
5. Está lloviendo **toda la noche.**
6. Ellos viven **dentro de** la ciudad.
7. **¡Hola,** amigos!
8. Pasamos un día **horrible** allí.

E. Definiciones. Busque la palabra definida:

1. la persona que viaja en un avión o un tren
2. el vehículo privado para cinco personas
3. la estación en que hace frío y nieva
4. el grupo formado por el padre, la madre y los hijos
5. la persona que pide dinero en la calle

F. Modismos sin verbos. Complete la oración con un modismo de la lista:

por completo	en cuanto a
muchas veces	¡De ningún modo!
a pesar de	ahora mismo
por todas partes	de acuerdo
con mucho gusto	

1. —Papá, ¿puedes darme diez dólares?
   — _____
2. A las cinco de la tarde hay gente _____ .
3. _____ su inteligencia, ella es muy descortés.
4. _____ tus amigos, no me gustan.
5. _____ vamos a ese cine.
6. ¡Venga Ud. aquí _____!
7. —Camarero, tráigame café.
   — _____ , señor.

G. Modismos con verbos. Haga la oración en español según el modelo:

1. Please sit down. Haga el favor de sentarse.
   Please get up.

2. It takes us two hours to finish. Tardamos dos horas en terminar.
   It takes me three hours to study.
3. I have just eaten. Acabo de comer.
   They have just arrived.
4. He's playing baseball. Él juega al béisbol.
   She's playing tennis.

II

Vamos a regatear

Susana y Javier se dirigen a la Catedral, y al
entrar, buscan la tumba de Pizarro. Un guía les
pregunta si quieren información.

—Sí, señor. Deseamos saber si éstos son los
5 verdaderos restos de Pizarro —pregunta Javier.

—Pues, algunos historiadores dicen que los
restos del Conquistador están sepultados en este
sepulcro de vidrio. Pero hay otros que dicen que
están en otra parte.

10 Susana y Javier le dan las gracias al guía por su
información, y también le dan una propina.
Después de salir de la Catedral, los dos se dirigen
otra vez al jirón de la Unión y van hacia su hotel.
Hay varios vendedores de todos tipos de cosas:
15 dulces, galletas, comidas preparadas en el acto,
ropa, discos, cassettes, juguetes, libros, pilas, etc.

—Javier, esta calle parece ser un almacén al aire
libre.

—Estoy de acuerdo. Aquí se puede obtener
20 casi todo.

—Mira. Esa mujer vende flores. Vamos a ver
si podemos comprar unas rosas para la madre de
Miguel.

el historiador
historian
sepultados . . .
vidrio *buried in
this glass tomb*

la galleta *cooky*
en el acto *on the
spot*
la pila *battery*
un. . .libre *an
open-air
department store*
estoy de acuerdo *I
agree*

—Pero, recuerda que nunca se debe pagar el
25 primer precio que piden. Hay que regatear. Esto
se hace casi siempre aquí.

regatear *to bargain,
haggle*

(A la vendedora de flores.)

—¿Cuánto cuestan dos docenas de rosas?
—Cinco rosas por un nuevo sol[1]. Veinticinco
son cinco nuevos soles. Son muy hermosas,
30 ¿verdad?

---

[1]**el nuevo sol:** the unit of currency in Peru (about 95 US cents).

—Sí, pero cuestan demasiado.

—Pues, ¿cuánto me ofrece usted, señora?

—Tres nuevos soles por las veinticinco.

—Mire Ud, señora. Le doy las veinticinco ro-
35 sas por cuatro nuevos soles y medio. Es una
ganga.

—Sólo puedo darle tres nuevos soles y medio
—responde Susana.

—Si me da cuatro nuevos soles, las flores serán
40 suyas.

—De acuerdo. Aquí tiene el dinero.

—Muchas gracias, señora, y hasta luego.

—Javier, en Nueva York no se puede regatear
así. Es un poco divertido, ¿no?

45 —Sí, y es una buena costumbre.

Susana y Javier vuelven al hotel, y después de
charlar un rato con el portero, suben a su habitación. Un poco más tarde suena el teléfono.

—Diga.

50 —Hay un tal señor Gandía que viene a buscarlos.

—Gracias —responde Javier—. Dígale que ba-
jamos pronto.

—¿Estás lista, Susana? Miguel está abajo.

55 —Sí, en cinco minutos estaré lista.

(En el vestíbulo del hotel.)

—Hola, señores. ¿Cómo están después de su
primer día en Lima?

—Estamos un poco cansados, porque siempre
estamos en movimiento. Así son las vacaciones.

60 —El auto está estacionado muy cerca del hotel.
Si Uds. me esperan aquí a la entrada, los recojo
en seguida.

Mientras pasan por la ciudad, Miguel señala
varios sitios de interés.

65 —¿Qué plaza es ésta? —pregunta Susana.

—Esta es la famosa Plaza del Cinco de Mayo.

le doy *I'll give you*

la ganga *bargain*

serán suyas *will be yours*

la costumbre *habit*

el portero *doorman*

un tal señor Gandía *a Mr. Gandía*

viene a buscarlos *is coming to pick you up*

estar listo *to be ready*

el movimiento *movement*

Así . . . vacaciones. *That's the way vacations are.*

estacionado *parked*

los recojo *I'll pick you up*

señalar *to point out*

Como Uds. ven, está llena de gente y es muy
pintoresca. Desde esta plaza salen muchas calles
y uno puede perderse muy fácilmente aquí. Y   perderse *to get lost*
70 como en muchas ciudades grandes: ¡Cuidado
con los rateros! Son muy listos.   el ratero *pickpocket*
                                                     ser listo *to be*
    —Gracias por los consejos —dice Javier.   *clever*

    —Ahora llegamos a mi casa. Allí está mi familia
a la entrada de la casa.

75 Cuando los tres bajan del coche, toda la fa-   acercarse *to*
milia se acerca para saludarlos.   *approach*

    —Señor, señora, permítanme presentarles a mi
familia: mi padre, mi madre, mi hermano Guillermo y mis dos hermanitas, Julia y Juanita.

80 —Encantados de conocerlos, —dice Susana. (A
la señora Gandía.) —Y esto es para Ud., señora.

    —Muchas gracias. Las rosas son muy bonitas.
Uds. son muy amables. Pero no es necesario.

    —¿Por qué no entramos a la casa? —dice el
85 padre de Miguel—. Sin duda ustedes tienen mucha hambre después de sus recorridos por Lima.

    Después de la cena Susana y Javier conversan
con los padres de Miguel. Javier le pregunta al   cómo. . .negocios
padre cómo andan sus negocios.   *how his business is*
                                                       going
90 —Como Uds. saben, soy dueño de una fábrica   el dueño *owner*
y una tienda de ropa. Mi esposa me ayuda todos   la fábrica *factory*
los días en la tienda. Guillermo también me
ayuda cuando no va a la escuela. Pero él tiene
ganas de ir a Nueva York, y, como su hermano
95 Miguel, estudiar en la universidad. Mis hijos son
muy ambiciosos.

    —Miguel es un estudiante muy bueno —dice
Susana—. Uds. pueden estar muy orgullosos de   estar orgulloso *to*
él.   *be proud*

100 —Gracias, señora. Y él me dice que Ud. es una
profesora excelente —contesta el padre.

    —Y ahora, ¿por qué no vamos a Miraflores para
ver cómo vive la gente rica? —dice Miguel.

    —¿Qué te parece, Susana? —pregunta Javier.

105 —Creo que es muy tarde, pero, como somos trasnochadores, vamos de todos modos.

—El viaje no tarda más que media hora —dice Miguel.

Susana y Javier se despiden de la familia y pro-
110 meten escribirles. Al acercarse a Miraflores, no-
tan un cambio en el aspecto de la ciudad. Los edificios son modernos y algunas casas son muy lujosas.

—¡Hay tantos cafés al aire libre!. . . —dice Su-
115 sana.

—¿Por qué no estacionamos el auto para sentarnos en ese café a la derecha? —sugiere Miguel.

—¡Espléndido! Y tú, Susana, ¿quieres tomar algo?

120 —¡Cómo no! Así podemos ver pasar a los li-
meños, que también son trasnochadores como nosotros.

Los tres pasan unos 45 minutos en el café charlando y mirando a las personas que pasan.

125 —Si Uds. quieren —dice Miguel durante el viaje de vuelta—, pueden visitar el Museo del Oro y el Museo Arqueológico Larco Herrera en un día. Los dos museos son muy interesantes. Yo tendré mucho gusto en llevarlos.

130 —Pero, ¿no tienes otras cosas que hacer? —pregunta Javier.

—Pues no. Generalmente ayudo a mi padre en la tienda. Pero mañana estoy libre. ¿A qué hora, entonces?

135 —Digamos a las diez —responde Javier.

—De acuerdo. A las diez estaré en su hotel.

—Hasta mañana, Miguel. Y gracias por todo.

—De nada, señores. Ha sido un placer.

Susana y Javier, después de un día tan activo,
140 se acuestan muy pronto.

(A la mañana siguiente.)

---

de todos modos *anyway*

no. . .hora *only takes half an hour*

el aspecto *appearance*

sugerir *to suggest*

tomar *to drink*

el limeño *inhabitant of Lima*

unos *about*

el viaje de vuelta *the trip back*

Yo. . .llevarlos. *I'll be very glad to take you.*

digamos *let's say*

Ha. . .placer. *It has been a pleasure.*

un. . .activo *such a busy day*

—¡Susana, despiértate! El teléfono está so-
nando.

—¡Ay! ¿Qué hora es?

—¡Caramba! ¡Son las diez de la mañana!

EJERCICIOS

A. Conteste con oraciones completas:

1. ¿Quién les da información a Susana y Javier sobre la tumba
   de Pizarro?
2. ¿Adónde van Susana y Javier después de salir de la Catedral?
3. ¿Qué compran en el jirón de la Unión?
4. ¿Con quién hablan al regresar a su hotel?
5. ¿A quiénes visitan Susana y Javier?
6. ¿De qué hablan Javier y el señor Gandía?
7. ¿Adónde van Susana y Javier después de su visita?
8. ¿Quién los acompaña?
9. ¿Cuánto tiempo se quedan en el café al aire libre?
10. ¿Por qué se acuestan temprano Susana y Javier?

**B. Todas las oraciones son falsas. Diga cada oración
correctamente:**

1. Pizarro busca la tumba de Susana y Javier.
2. El guía les da una propina a Javier y a Susana.
3. Javier y Susana compran seis rosas para la madre de Miguel.
4. El auto de Miguel está estacionado a la entrada del hotel.
5. Hay muchos rateros en la Plaza de San Martín.
6. Sólo los padres de Miguel saludan a Javier y a Susana.
7. Antes de la cena, Javier habla con el señor Gandía acerca de
   sus negocios.
8. La señora Gandía quiere ir a Nueva York.
9. El barrio de Miraflores es menos moderno que el resto de
   Lima.
10. Javier y Susana quieren llevar a Miguel a los museos.

**C. Sinónimos. Busque el sinónimo de cada palabra en letras
oscuras:**

1. —Vamos a visitar el museo esta tarde.
   —**Está bien.** Parece ser muy interesante.

2. Me gusta **conversar** con el portero del hotel.
3. Tenemos **un cuarto** muy grande en nuestro hotel.
4. **Inmediatamente** van al centro de la ciudad.
5. ¿Están Uds. **preparados** para la excursión?
6. Javier y Susana **dicen adiós** a la familia.
7. Vamos a **beber** un refresco.
8. —Muchas gracias.
   —**No hay de qué.**

D. Antónimos. Busque el antónimo de cada palabra en letras oscuras:

1. Esa mujer **compra** flores.
2. **Siempre** debemos viajar.
3. Estas flores son muy **feas.**
4. Mi amigo tiene **menos** dinero que yo.
5. **Arriba** hay mucho que ver.
6. Esa señora es muy **pobre.**
7. Vamos a **levantarnos** ahora.
8. Caminen Uds. **a la izquierda.**
9. Javier y Susana **se levantan** tarde.

E. Definiciones. Busque la palabra definida:

1. lo que damos a un camarero que nos da buen servicio
2. las personas que venden cosas en la calle
3. los artículos con que juegan los niños
4. una tienda muy grande con varias secciones
5. lo que necesitamos después de trabajar mucho
6. el antónimo de «el campo»
7. el edificio donde se hacen ropa y otros productos
8. las personas que se acuestan tarde
9. el edificio donde vemos exhibiciones de arte
10. no ocupado

F. Diálogo. This is a continuous dialog. After you choose the correct response, the next statement follows logically:

1. —Buenos días, señor. ¿Quiere comprar unas flores para su esposa?
   (a) —Gracias. ¿qué tipo de ropa vende Ud.?
   (b) —¿Cuánto cuestan estas rosas?
   (c) —Sí, ¿me puede dar una docena de huevos?

2. —¡Ah!, son muy bonitas, ¿verdad? Veinticinco rosas por cinco nuevo soles. ¿Cuántas quiere?
   (a) —No quiero pagar tanto.
   (b) —Muy bien. Déme una libra.
   (c) —Quiero tres juguetes para mi hijo.

3. —Pues, ¿cuánto quiere Ud. pagar?
   (a) —Le doy tres nuevos soles por las veinticinco rosas.
   (b) —Ud. es muy amable.
   (c) —Su almacén es muy grande.

4. —Imposible. Si Ud. quiere las flores, déme tres nuevos soles y medio.
   (a) —Espléndido. ¿Dónde está la fábrica?
   (b) —De acuerdo. Hasta mañana a las ocho.
   (c) —Bueno. Aquí tiene el dinero.

5. —Gracias, señor. Aquí tiene las flores.
   (a) —¡Qué bonitas son!
   (b) —Ahora necesito pilas.
   (c) —Es una buena propina.

G. Map Question:

1. Based upon the information you have read in this chapter, locate the following places in Lima. Give the number of the location for each place:

   (a) el Hotel Bolívar   (c) el Palacio de Gobierno
   (b) la Plaza de San Martín   (d) la Catedral

2. Susana and Javier wish to take an alternate route back to their hotel from the cathedral. They stop someone on the street, and this person gives them directions. Play the role of this person, using the following expressions:

Sigan andando	*Continue walking*
Doblen	*Turn*
a la derecha (izquierda)	*to the right (left)*
la cuadra	*block*
hasta llegar a	*until you get to*
Crucen	*Cross*
Vayan derecho	*Go straight ahead*

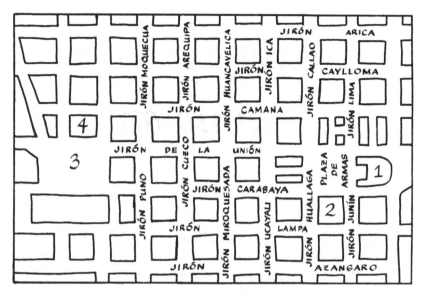

Lima (CENTRO)

CAPÍTULO NOVENO

¡*Cuánto oro!*

—Diga. ¡Ah!, hola, Miguel. ¿Estás abajo?

—No, estoy en el taller. El auto tiene una avería. El mecánico dice que va a tardar una hora en repararlo. Lo siento mucho. *el taller the repair shop / El . . . avería. The car broke down.*

5 —No importa, amigo. Te esperamos aquí. *Te esperamos We'll wait for you*

—Gracias. Los veo en una hora. *Los veo I'll see you*

—¡Qué suerte, eh, Susana! Ahora podemos vestirnos y desayunar sin darnos prisa.

—Vamos a tomar el desayuno en la habitación. *darse prisa to hurry*

10 Voy a llamar al restaurante del hotel.

—Restaurante, buenos días.

—Por favor, súbanos dos desayunos, uno con café y otro con chocolate. *súbanos bring us up*

—¿A qué habitación, por favor?

15 —A la habitación número quince.

—En seguida se los subo. Muchas gracias. *se los subo I'll bring them up to you*

(Una hora más tarde.)

—Hola, Miguel. ¿Cómo va el auto? *¿Cómo va el auto? How's the car?*

—Ya está arreglado. ¿Han dormido bien?

—Oh, sumamente bien después de un día tan *un . . . activo such a busy day*

20 activo. ¿Adónde vamos primero?

—Al Museo del Oro, que se encuentra en el barrio de Monterrico. Y por la tarde vamos al Museo Arqueológico Larco Herrera, que está situado en Pueblo Libre, otro barrio de Lima.

25 El barrio de Monterrico queda bastante lejos del centro de Lima. Por lo tanto, los tres pasan por distintas secciones de la ciudad. En una esquina ven a varias personas que suben a un furgón por una puerta lateral corrediza.

queda = está
por lo tanto *therefore*
un furgón *van*
una . . . corrediza *a sliding side door*

30 —Eso es muy extraño —dice Javier—, un furgón con tanta gente.

—Es un colectivo, un tipo de taxi que tiene una ruta fija en varias etapas. El pasajero paga sólo la etapa recorrida. El nombre «colectivo» 35 designa cosas diferentes en otros países de Sudamérica. Por ejemplo, en Argentina y Bolivia son pequeños autobuses municipales, o sea microbuses.

la etapa *stage, "leg"*
recorrida *traveled*
o sea *or rather*

—Parece un buen modo de viajar y más có- 40 modo que el autobús —dice Susana.

—Yo creo que sí. Ahora llegamos al museo. Vamos a estacionar el auto aquí.

creer que sí *to think so*

Al entrar al museo lo primero que ven es una magnífica colección de armas: pistolas, cañones, 45 espadas, etc.

la espada *sword*

—Todo esto pertenece al dueño del museo —dice Miguel.

pertenecer *to belong*

—Es interesante, pero vamos a ver el oro —dice Susana.

50 —La colección de oro está abajo. Vamos allá.

Los tres entran a una enorme cámara acorazada llena de objetos de oro: platos, copas, imágenes, objetos ceremoniales, joyas, etc.

cámara acorazada *vault, strongroom*
la imagen *picture*

—Esto es maravilloso —grita Susana—, tanto 55 oro.

—Estos objetos se remontan a la época de los incas y de las civilizaciones preincaicas, hace unos 3.000 años.

se remontan *date back*
preincaico *pre-Inca*

El museo consiste en varias salas y cámaras 60 donde se exhiben magníficos objetos de oro.

la cámara *chamber*

—Estos artefactos son maravillosos —dice Javier, asombrado.

asombrado *astonished*

—Y todo esto refleja el desarrollo de las grandes civilizaciones indias del continente americano

el desarrollo *development*

65 —añade Miguel.

Los tres pasan una hora y media en el Museo del Oro, observando y admirando las colecciones.

—Sólo quiero llevarme un pequeño objeto de

llevarse *to take away*

70 oro —dice Susana.

—Si Ud. hace esto, nunca volverá a Nueva York. Las cárceles del Perú no son muy atractivas —dice Miguel, sonriendo—. Pero vamos a tomar algo en el jardín del museo y luego iremos

75 al Museo Larco Herrera.

nunca volverá *you'll never return*
la cárcel *jail*
sonriendo *smiling*
iremos *we'll go*

(Una hora más tarde.)

Los tres se acercan al Museo Arqueológico
Larco Herrera.

—Es un museo privado —dice Miguel—, que
tiene una colección de cerámica y joyas que
80 datan de la época de las culturas de la costa del
norte del Perú de los años 200 a 600 después de
Cristo.

después de Cristo
A.D.

Al entrar al museo Susana y Javier encuentran
una gran sorpresa: unas momias encerradas en
85 vitrinas.

unas . . . vitrinas
*mummies enclosed
in glass cases*

—¡Qué horrible! —grita Susana.

—Parece que las momias nos miran. Algunas
parecen estar vivas —añade Javier.

—Es porque están tan bien preservadas —ex-
90 plica Miguel.

Los tres entran a una habitación donde hay
una enorme colección de joyas, objetos de cerámica, piedras y minerales.

—Es evidente que los indios americanos de esta
95 época tenían una civilización muy avanzada
—comenta Javier.

tenían *had*

—Según los historiadores la cerámica llegó al
Perú hace 4.000 años.

según los
historiadores
*according to
historians*
llegó *arrived*

—¡Qué maravilla!

100 —Durante sus viajes por Sudamérica Uds. van
a ver los vestigios de unas civilizaciones muy
avanzadas. ¿Cuál de los dos museos les gustó
más? —pregunta Miguel.

los vestigios *the
remains*
les gustó más *did
you like best*

—Es muy difícil decidir —contesta Susana—.
105 Los dos son muy interesantes.

—Cada museo tiene sus propios puntos de interés —añade Javier.

propio *own*

—Creo que dos museos son suficientes para un
día. Uds. sin duda quieren volver a su hotel. Va-
110 mos al auto.

Durante el viaje de vuelta el auto pasa por

el viaje de vuelta
the trip back

Pueblo Libre, un barrio moderno con casas par-   la casa particular
ticulares de varios colores.   *private house*

    —Qué contraste hay entre el centro de Lima y
115 sus suburbios —dice Javier.

    —Es verdad —contesta Miguel—. Así es en
muchas ciudades grandes del mundo. Ahora
llegamos al hotel. Cuidado al bajar del auto,   cuidado *be careful*
señora. La acera está en obras.   La . . . obras. *The*
120 —¡Ay!   *sidewalk is being*
    —¿Qué pasa, Susana?   *repaired.*

EJERCICIOS

A. Conteste con oraciones completas en español:

  1. ¿De dónde llama Miguel? ¿Por qué?
  2. ¿Qué hacen Javier y Susana después de vestirse?
  3. ¿Dónde está situado el Museo del Oro?
  4. ¿Qué es un «colectivo»?
  5. ¿Qué ven Javier y Susana después de entrar al Museo del Oro?
  6. ¿En qué parte del museo están los objetos de oro?
  7. ¿Cuánto tiempo se quedan en el Museo del Oro?
  8. ¿Qué contiene el Museo Larco Herrera?
  9. ¿Qué encuentran Javier y Susana primero en el Museo Larco Herrera?
10. ¿Adónde van los tres después de visitar los dos museos?
11. ¿Qué ven en Pueblo Libre?

B. Cierto o falso. Si la oración es cierta, diga «cierto». Si es falsa, diga la oración correctamente:

  1. Javier y Susana toman el desayuno después de salir del hotel.
  2. Un colectivo se llama microbús en Bolivia.
  3. La colección de armas del Museo del Oro pertenece a Miguel.
  4. El dueño del museo conduce al grupo a la cámara acorazada.
  5. El oro es de la época de los incas.
  6. El grupo toma refrescos en el jardín del Museo Larco Herrera.
  7. Unas momias saludan a Javier y Susana cuando entran al Museo Larco Herrera.

8. En Sudamérica había civilizaciones muy avanzadas.
9. Al bajar del auto, Javier grita: —¡Ay!

C. Vocabulario. Busque la palabra para completar la frase:

1. El _____ va a reparar el auto en su _____.
2. «Arreglar» y «_____» son sinónimos.
3. Por la mañana tomamos el _____.
4. «El cuarto» y «la _____» son sinónimos.
5. Una ciudad tiene varios _____.
6. Al final de la calle está la _____.
7. ¿Cuántos _____ viajan en el autobús?
8. Vamos a _____ el auto aquí.
9. Un mineral amarillo que vale mucho es el _____.
10. Hay muchos criminales en la _____.
11. Ese museo no es público; es _____.
12. Este oro data de la _____ de los incas.
13. Para evitar los autos hay que andar por la _____.

D. Resumen. The authors' word processor has gone haywire. Can you rearrange the words of each sentence so as to make sense. The result will be a summary of the chapter:

1. el en tienen auto Miguel porque reparar taller que está su
2. desayuno Javier la toman Susana el habitación y en
3. auto Miguel decirles para arreglado está viene el que
4. museos visitar dos amigos los tres a van
5. camino el en describe Miguel un colectivo
6. oro de objetos de colecciones ven Oro del Museo el en
7. el Herrera entrar momias en Museo ven al unas Larco
8. de ven luego y cerámica colección la joyas
9. vuelven fin al hotel por

E. (Optional) Write a short paragraph telling what you think happened after the last line of the chapter. Write in English or Spanish, as your teacher indicates.

CAPÍTULO DÉCIMO

Ni al Callao ni a Pachacámac

—Por poco me caigo.

—Hay que tener cuidado. Las aceras de esta ciudad están en mal estado. ¿Se ha hecho daño? —pregunta Miguel?

5 —No, afortunadamente. Sólo un rasguño en el brazo.

—¿Te duele el brazo? —pregunta Javier.

—Sí, me duele un poco.

—No se preocupe, señora —dice Miguel—. En 10 la esquina hay una farmacia donde podemos comprar algo para aliviar el dolor.

Los tres se dirigen hacia la esquina, pero ven que la farmacia está cerrada.

—¿Qué vamos a hacer? —pregunta Susana.

15 —No se preocupen. Aquí en la puerta se indica la dirección de la farmacia de guardia más próxima. Está a tres cuadras de aquí. Regresen Uds. al hotel y yo iré a la farmacia de guardia a buscar un medicamento —dice Miguel.

20 Susana y Javier vuelven al hotel, donde esperan a Miguel. A los quince minutos, Miguel llega con un pequeño paquete en la mano.

—El farmacéutico dice que esta pomada alivia los dolores en muy poco tiempo.

25 —Gracias, Miguel —dice Javier—. ¿Cuánto te debo?

por . . . caigo *I almost fell*

¿Se . . . daño? *Have you hurt yourself?*
un rasguño *a scratch*

¿Te . . . brazo? *Does your arm hurt you?*

aliviar el dolor *to alleviate the pain*

la farmacia de guardia *all-night pharmacy*

más próxima *nearest*

yo iré *I'll go*

A los quince minutos *15 minutes later*
el farmacéutico *the pharmacist*

—Nada, señor. Estos medicamentos cuestan muy poco. Y no requieren receta. Suba a su ha-bitación con su esposa y póngale la pomada en 30 el brazo lo más pronto posible. Yo los llamaré más tarde para saber cómo está la señora. Hasta luego.

—Hasta la vista, Miguel —dice Susana—. Y gra-cias, ¿eh?

35 —De nada, señores.

(En la habitación.)

—Esta pomada es muy buena. Ya me siento mejor.

—Los farmacéuticos de estos países saben mu-cho de medicina. En mucho pueblos donde no 40 hay médicos, los farmacéuticos a menudo sirven de médicos.

(Tres horas más tarde.)

—Diga.

—Habla Miguel. ¿Cómo está la señora?

—Está mucho mejor, gracias. Ahora está des-45 cansando.

—Me alegro mucho. Si puedo ayudar de algún modo, avísenme. Estoy a sus órdenes.

—Gracias, Miguel. Creo que esta noche vamos a descansar. Mañana queremos ir al Callao y a 50 Pachacámac.

—Mañana no puedo llevarlos porque tengo que trabajar. Pero, escuchen Uds. Para ir al Ca-llao, sólo tienen que tomar un autobús. Al salir de su hotel, doblen a la derecha, y a unos 50 55 metros pueden encontrar el autobús. Es muy fá-cil distinguir el autobús porque siempre hay un chico en la puerta gritando: —¡Al Callao! ¡Al Callao!

—Y, ¿para ir a Pachacámac? —pregunta Javier.

60 —Desde el Callao pueden tomar un taxi. Pero,

la receta
prescription
póngale la pomada
en el brazo *apply
the ointment on
her arm*
lo más pronto
posible *as soon as
possible*
yo los llamaré *I'll
call you*
saber *to find out*

sirven de *act as,
serve as*

Habla Miguel.
This is Miguel.

de algún modo *in
some way*
avísenme *let me
know*

primero pregunten al taxista cuánto va a costar el viaje. Los taxis no llevan taxímetros, y hay que fijar el precio de antemano. ¡Buena suerte!

el taxímetro *meter*
hay . . . antemano *you have to set the price beforehand*

(Al día siguiente.)

—¿Cómo te sientes, Susana?

65 —Mucho mejor, después de dormir tantas horas. Ahora estoy lista para las dos visitas. ¡Vámonos en seguida!

Susana y Javier, siguiendo los consejos de Miguel, buscan el autobús para el Callao. Pasan 70 muchos autobuses, pero todos van tan llenos que algunos pasajeros tienen que viajar colgados de las puertas. Es un verdadero espectáculo:

—¡Ay, Dios mío! —grita Javier—. No hay sitio en ese autobús ni para una mosca.

van = están
colgados *hanging*
un . . . espectáculo *a real show*

ni . . . mosca *not even for a fly*

75 —Parece que hoy no vamos al Callao. Ahora
sé por qué Miguel nos deseó «buena suerte».   nos deseó *wished*
—Pues, vamos a tomar un taxi para Pachacá-   *us*
mac. Ahí viene. Vamos a llamarlo.
—Buenos días, señores. ¿adónde van?
80 —A Pachacámac. ¿Cuánto es?
—Lo siento mucho, pero no puedo llevarlos a
Pachacámac. La carretera está en muy malas
condiciones y se están haciendo reparaciones.   se . . . repara-
¿Puedo llevarlos a algún otro sitio?   ciones *they're
                                                      making repairs*
85 —¿Qué crees, Susana? ¿Vamos a otra parte?   a otra parte
—Creo que no. Me gustaría mandar tarjetas   *somewhere else*
postales a algunos amigos. Vamos a volver al ho-
tel.
—Pues, gracias, señor. Quizás en otra ocasión.
90 —Hasta luego, entonces, —responde el taxista.

(De vuelta al hotel.)

—Muy buenas, señores —dice el recepcionista.
Hay un recado para ustedes.   el recado *message*
—Gracias, señor, —dice Javier.
—¿De quién es el recado, Javier?
95 —Espera un momento, voy a abrir el sobre.
¡Ah!, es de la señorita Ramírez, la representante
aquí en Lima de nuestro agente de viajes de
Nueva York.
—¿Y qué dice?
100 —Dice que ha hecho los preparativos necesa-   ha hecho los
rios para nuestro viaje a Cuzco y a Machu   preparativos
Picchu. Nos ha dejado su número de teléfono.   necesarios *has
Vamos a subir a la habitación para llamarla.   made the necessary
                                                   preparations*
                                                   ha dejado *(she) has
(En la habitación.)   left*

—Viajes Ramírez, buenos días.
105 —¿Puedo hablar con la señorita Ramírez?, me
hace el favor.
—¿De parte de quién?   ¿De parte de
                                                   quién? *Who's
                                                   calling?*

—Me llamo Javier Rivera. La señorita Ramírez me ha dejado un recado en el hotel.

110 —¡Ah!, sí. Ella espera su llamada. Un momento, por favor.

—Buenas tardes, señor Rivera. Tengo buenas noticias para Ud. y su esposa. He conseguido dos plazas en el vuelo de mañana a Cuzco. También les he reservado una habitación en el Hotel El Dorado por dos noches.

he conseguido *I have gotten*
la plaza *place, space*

115

—¡Estupendo! ¿Y cuándo vamos a Machu Picchu?

—Todo está arreglado. Dentro de dos días, por la mañana, ustedes van a tomar el tren que los llevará a Machu Picchu. Allí tienen una reservación por una noche en el Hotel de Turistas.

120

—¡Magnífico! ¿Cuándo puede enviarnos a alguien con todos los documentos?

125 —A cualquier hora.

—¿Puede ser a las seis?

—De acuerdo. A las seis de la tarde el señor López estará en el hotel de ustedes. Hasta entonces.

130 —Oye, Susana. Mañana vamos a Cuzco. A las seis viene un empleado de Viajes Ramírez a entregarnos todos los documentos.

—¡Qué bien! ¡No veo llegar la hora de partir para Cuzco! Vamos a hacer las maletas. Javier, ¿dónde están nuestros pasaportes?

No veo llegar la hora de *I can't wait to*
hacer la maleta *to pack the suitcase*

135

—¿Los pasaportes? No lo recuerdo.

EJERCICIOS

A. Todas estas oraciones son falsas. Diga cada oración correctamente:

1. Susana tiene un rasguño en la cabeza.
2. Los tres van al hospital.

3. Javier va a la farmacia de guardia.
4. Miguel va a ponerse una pomada en el brazo.
5. Javier le paga dos nuevos soles a Miguel por la pomada.
6. En Sudamérica, los médicos, en algunas ocasiones, sirven de farmacéuticos.
7. Cuando Miguel llama por teléfono, Susana está enferma.
8. Susana no quiere ir ni al Callao ni a Pachacámac porque tiene que trabajar.
9. La carretera del Callao está en mal estado.
10. Susana va a mandar unas cartas a sus amigos.
11. La señorita Ramírez llama desde su agencia en Nueva York.
12. En Cuzco, Javier y Susana van a quedarse en el Hotel de Turistas.
13. Javier sabe dónde están los pasaportes.

B. Vocabulario. Busque las palabras para completar la oración:

1. ¡Cuidado! Esta carretera está en mal _____.
2. Mi casa está en la _____ de la calle Loreto y la avenida Bolívar.
3. Para comprar medicamentos hay que ir a la _____.
4. ¡Ay! Tengo _____ de cabeza.
5. Doblen a la _____, no a la izquierda.
6. Si tienes _____, vas a ganar la lotería.
7. La _____ entre Lima y Pachacámac está en malas condiciones.
8. Voy a mandar muchas _____ postales a todos mis amigos.
9. Señor Rivera, venga al teléfono, por favor. Hay una _____ para usted.
10. El periódico trae muy malas _____ hoy.

C. Modismos con verbos. Haga la oración en español según el modelo:

1. Are you always careful with your books? ¿Siempre tienes cuidado con tus libros?
   Are they always careful with their suitcases?
2. On arriving home, we rest. Al llegar a casa, descansamos.
   On arriving at school, we go to classes.
3. Is she packing her suitcase? ¿Hace ella su maleta?
   Are you (familar singular) packing your suitcase?

4. I have to repair my car. Tengo que reparar mi auto.
   He has to apply the medication on his arm.

D. Modismos sin verbos. Complete la oración con el modismo correcto:

lo más pronto posible	por desgracia
acerca de	en seguida
en lugar de	a otra parte

1. _____ estudiar, vamos al cine.
2. No quiero ir al centro esta tarde. Vamos _____ .
3. ¿Qué sabe Ud. _____ Sudamérica?
4. _____ mi tía está muy enferma y no puede visitarnos.
5. Va a llover pronto. Vamos a casa _____ .
6. El profesor promete darnos los resultados del examen _____ .

E. Resumen. Coloque las oraciones en su orden correcto para formar un resumen del capítulo:

1. La llaman por teléfono y ella les dice que tiene reservaciones para ellos en Cuzco y Machu Picchu.
2. Al día siguiente van a tomar el autobús para el Callao, pero todos los autobuses están llenos.
3. Van a la farmacia a comprar un medicamento.
4. Más tarde Miguel llama y les dice cómo pueden ir al Callao y a Pachacámac.
5. Ahora Javier y Susana empiezan a hacer las maletas, pero, por desgracia, Javier no recuerda dónde están los pasaportes.
6. El señor López lleva los documentos al hotel.
7. Sin embargo, la farmacia está cerrada.
8. Miguel va a la farmacia de guardia y luego lleva una pomada al hotel.
9. Susana se pone la pomada y en seguida se siente mejor.
10. Luego buscan un taxi para ir a Pachacámac.
11. Los dos vuelven al hotel y encuentran un recado de la señorita Ramírez, de la agencia de viajes.
12. Sin embargo, el taxista les dice que la carretera está en mal estado.
13. Susana tiene un accidente, pero no es muy serio.

F. Diálogo. In this telephone dialog between the travel agent and Javier, supply the role played by Javier. You may use the hints if you wish:

Javier: —_____ (Hello)

El agente: —Buenos días, señor Rivera. ¿Cómo está usted?

Javier: —_____ (Very well, thank you. And you?)

El agente: —Bien, gracias. ¿Cómo está su esposa?

Javier: —_____ (She's very well, thank you.)

El agente: —Me alegro de saberlo. Oiga, tengo dos plazas para Ud. y su esposa en el vuelo del jueves para Cuzco, y dos billetes de tren para Machu Picchu para el sábado.

Javier: —_____ (Do we have hotel reservations, too?)

El agente: —Sí, señor. Uds. tienen una reservación por dos noches en el Hotel de Turistas de Machu Picchu.

Javier: —_____ (Great! When can you come to our hotel?)

El agente: —Puedo ir a su hotel esta tarde si Ud. quiere. ¿A qué hora le conviene?

Javier: —_____ (At five thirty?)

El agente: —De acuerdo. A las cinco y media estaré allí. Hasta luego.

G. What do you think Javier did with the passports? Before reading the next chapter, write your own version by constructing a four-line dialog between Javier and Susana. Start with Susana's role after Javier says "No lo recuerdo."

CAPÍTULO ONCE

¡*Cuidado con el soroche!*

—Déjame pensar un rato. ¡Ah!, ahora lo recuerdo. Nuestros pasaportes están en la caja fuerte del hotel. Voy a sacarlos en seguida.

la caja fuerte *safe*

—Y entretanto voy a empezar a hacer las maletas —dice Susana.

(A la mañana siguiente.)

Susana y Javier llegan al aeropuerto de Cuzco después de un vuelo muy corto. Allí encuentran a un taxista muy amable que los lleva a su hotel.

—Ahora llegamos a su hotel —dice el taxista—. Aquí tienen mi tarjeta si quieren visitar algún lugar en las afueras de Cuzco.

aquí tienen *here, this is*
las afueras *the outskirts*

—¿Qué nos recomienda Ud.? —pregunta Javier.

—Pues, miren. Los puedo llevar a Pisac, un pueblecito muy pintoresco donde hay un mercado al aire libre. Allí se pueden comprar artículos hechos por los indios. En el camino pasamos por varias ruinas de los incas. Las más interesantes son la Fortaleza de Sacsahuamán, el baño ritual de Tambomachay, la Fortaleza de Puca-Pucará y el Anfiteatro de Quenco. Todo el viaje se puede hacer en tres o cuatro horas.

el pueblecito *the village*

hecho *made*

—Espléndido —dice Javier. —¿Puede venir a recogernos mañana por la mañana?

25 —Con mucho gusto. ¿A qué hora, entonces?

—Como a las diez. ¿Está bien?

Como a las diez
At about ten o'clock

—¡Cómo no! A las diez estaré aquí. Hasta mañana entonces, señores.

(En la habitación del hotel.)

—Susana, como estamos a más de 11.000 pies
30 sobre el nivel del mar, debemos descansar un rato antes de empezar el recorrido por Cuzco. ¿No te parece?

el nivel del mar *sea level*

¿No te parece? *Don't you think so?*

—Buena idea. No quiero tener un ataque del famoso «soroche».

el soroche *altitude sickness*

35 —¡Claro que no! Hay tanto que ver aquí en Cuzco. Y. . .

tanto que ver *so much to see*

—¿Qué te pasa, Javier?

—Estoy un poco mareado. Necesito dormir un rato. Tenemos que acostumbrarnos a la altitud,
40 ¿verdad?

mareado *dizzy*

—Sí, vamos a dormir. Es mejor dormir para evitar el soroche.

(Dos horas más tarde.)

—¿Cómo te sientes, Javier?

—Mucho mejor, gracias. Vamos a explorar la
45 ciudad. ¿Dónde está el plano?

el plano *map (of a city)*

—Aquí en la mesa. Según el plano, al salir del hotel, aquí en la avenida Sol, debemos doblar a la derecha y andar dos cuadras hasta la Plaza de Armas, el centro de la ciudad. Si doblamos a la
50 derecha y andamos una cuadra más, llegamos a la calle Loreto. Según la guía, esta calle está rodeada de muros sin cemento construidos por los incas.

rodeado de *surrounded by*

—Y si seguimos por esta calle, llegamos a Coricancha[1], un edificio construido sobre el
55 Templo del Sol.

Durante su recorrido por la ciudad, Javier y

---

[1]**Coricancha:** a building whose name means "gold enclosure."

Susana encuentran un mercado al aire libre muy grande.

   —Voy a ver si puedo comprarme un suéter.
60 Aquí en Cuzco hace mucho frío, especialmente de noche —dice Susana.

   En ese momento oyen la voz de una señora muy linda que lleva la pollera típica y el famoso bombín.

65   —Buenas tardes, señores. ¿Quieren Uds. comprar una chompa? Son muy bonitas y las tenemos en varios colores y tallas, y muchas son de alpaca[1].

   ¿Una chompa? ¿Qué es una chompa? —pre-
70 gunta Javier a Susana.

el mercado al aire libre outdoor market

la pollera hoop skirt

el bombín bowler hat

la talla size

---

[1] **la alpaca:** an animal similar to the llama, with fleecy brown or black wool.

—Parece que los peruanos llaman chompa a lo
que nosotros llamamos suéter o jersey.

Después de regatear un poco, Susana compra
una bonita chompa de alpaca.

75 —¡Qué bonita es la chompa! ¿verdad, Javier?

—Y te va muy bien. Ya no vas a tener frío.   *te va it fits you*
                                                    ya no no longer
—Vamos a explorar la ciudad un poco más
—dice Susana—. Aquí todo es muy pintoresco.

Por todas partes se ven ruinas de los incas. Los   *por todas partes*
80 dos pasan por la calle Loreto para ver los famo-   *everywhere*
sos muros. Y cuando llegan a la esquina, cruzan
la calle.

—¿Cómo es posible? —pregunta Javier—. Esta
calle tiene otro nombre. Ahora se llama Pampa
85 del Castillo. Vamos a ver el plano. ¡Ah!, sí. Es
la misma calle, pero con otro nombre. ¡Qué extraño!

—Coricancha debe de estar al final de la calle.   *debe de estar must*
Vamos a visitarla. Según la guía, fue un edificio   *be*
90 muy importante en el reino de los incas, y fue   *el reino kingdom*
construido en el siglo XII. Ahora es la Iglesia de
Santo Domingo.

—Susana, no podemos visitar Coricancha.

—¿Por qué no?

95 —Pues, mira. ¿No ves que está en obras y que   *en obras under*
está cerrada?   *construction*

—¡Qué lástima! Pero esto pasa siempre
durante un viaje largo. Tenemos que aceptarlo.
Vamos a doblar a la derecha y andar por la calle
100 de Santo Domingo hasta la esquina.

Susana y Javier se dirigen a la esquina y llegan
a la avenida del Sol.

—Javier, mira a la derecha.

—¿A la derecha? ¿Por qué?

105 —¿Qué ves?

Javier mira a su derecha. ¿Y qué ve?

EJERCICIOS

A. Conteste en español con oraciones completas:

1. ¿Dónde están los pasaportes?
2. ¿Quién va a sacarlos?
3. ¿Qué va a hacer Susana entretanto?
4. ¿Cómo van Javier y Susana del aeropuerto de Cuzco a su hotel?
5. ¿Qué les da el taxista?
6. ¿A qué hora va a venir el taxista para llevar a Javier y Susana a Pisac?
7. ¿Por qué deben descansar Javier y Susana?
8. ¿Qué le pasa a Javier?
9. ¿Cómo se llama el centro de Cuzco?
10. ¿Qué compra Susana en el mercado?
11. ¿Qué se ve por todas partes de Cuzco?
12. ¿Cuándo fue construido el edificio de Coricancha?
13. ¿Por qué no pueden visitar Coricancha?

B. Vocabulario. Complete la oración con una palabra sacada del capítulo:

1. Para viajar a España, necesitamos un _____ .
2. La madre tiene que _____ a su hijo enfermo al hospital.
3. Aquí tiene Ud. mi _____ si quiere llamarme por teléfono.
4. Disculpe, señor, ¿es éste el _____ de Pisac?
5. Cuando estoy cansado, necesito _____ .
6. Estamos a una _____ de diez mil metros.
7. Para llegar al museo, tenemos que _____ a la izquierda en esta esquina.
8. Tenemos chompas de varias _____ , estilos y colores.
9. Para ir al otro lado, hay que _____ la calle.
10. _____ el periódico, va a llover mañana.
11. Vivimos en un _____ muy alto.

C. Modismos sin verbos. Complete la oración con un modismo de la lista siguiente:

Entretanto	¡Claro que no!
al aire libre	por todas partes
¡Cómo no!	¡Qué lástima!

1. —Mi hermana está enferma; no puede ir a la fiesta esta noche.
   — _____

2. —Hoy hace buen tiempo. Vamos a buscar un café _____ .

3. En esta ciudad hay vendedores _____ .

4. —Papá, ¿puedo usar el auto esta noche?
   — _____

5. —Yo voy a dar un paseo.
   — _____ yo voy a mirar la televisión.

6. —Mamá, ¿puedo lavar los platos esta noche?
   — _____

D. Resumen del capítulo. Complete cada oración con las palabras apropiadas para formar un resumen del capítulo:

1. Mientras Javier saca los _____ de la _____ , Susana empieza a _____ las _____ .
2. El _____ a Cuzco es corto y van al _____ en _____ .
3. El taxista les da su _____ y promete llevarlos a _____ .
4. Javier y Susana deciden _____ un rato para no tener un _____ de _____ .
5. Después de _____ deciden _____ la _____ .
6. Consultan el _____ para conocer la ciudad.
7. Mientras _____ por la ciudad, encuentran un _____ .
8. Susana desea _____ un _____ para no tener _____ .
9. Después de _____ , Susana _____ una _____ muy bonita.
10. Ahora continúan su recorrido por _____ .
11. Ven que en todas las _____ hay _____ que _____ muchas cosas.
12. Descubren que una _____ tiene otro _____ .
13. Quieren _____ Coricancha, pero ven que está _____ .
14. Van a la _____ hasta llegar a la _____ .
15. Javier mira a _____ .

E. (Optional) Construct an original dialog between Susana and the Indian street vendor in which Susana bargains for a sweater. Use models of former chapters and make use of the vocabulary in this chapter.

F. Finding your way in Cuzco:

1. After reading the chapter carefully, can you figure out in Spanish what Javier saw when he looked to the right at the end of the chapter?

2. Susana and Javier would like to go back to the Plaza de Armas from Templo del Sol by a different route. Suggest an alternate route in Spanish. Use the following expressions:

Doblen	*Turn*
a la derecha (izquierda)	*to the right (left)*
caminen	*walk*
la cuadra	*block*
hasta llegar a	*until you get to*
luego	*then*
derecho	*straight ahead*

CAPÍTULO DOCE

¿Cuándo llegamos a la cumbre?

—¡No me digas! Allí está nuestro hotel. Hemos dado la vuelta a esta parte de la ciudad sin saberlo.

—Todas estas ciudades son muy pequeñas comparadas con Lima.

—Por supuesto.

Susana y Javier pasan el resto del día paseando por Cuzco y observando a la gente. Por la noche encuentran un restaurante típico, donde disfrutan de una comida muy buena y barata. Después de comer, los dos deciden andar por la ciudad. Al pasar por la Plaza de Armas, oyen una música que sale del primer piso de un edificio situado al lado de la plaza.

15 —¡Qué música tan bonita! ¿Verdad, Susana? Es muy típica de la región andina.

—Según el letrero, se llama «Qhatuchay». La guía dice que hay varias peñas[1] en Cuzco. Ésta debe de ser una de ellas. Vamos a subir.

20 —¡Mira cuánta gente hay! —dice Javier—. Parece que no hay mesas desocupadas.

—Pues, vamos a escuchar la música desde el pasillo.

la cumbre *top*
Hemos . . . vuelta
We've gone around

por supuesto *of course*

disfrutan de *they enjoy*
deciden *decide*

el primer piso *the second floor*

Qhatuchay
pronounced
Catuchay

desocupado *vacant*

el pasillo *corridor, hall*

[1]**la peña:** in Andean countries, a night club where one can hear live local music.

Al poco rato, sale una pareja y deja una mesa
25 libre.

—Vamos a entrar, Susana. Hay una mesa libre.

Susana y Javier pasan una hora muy divertida   divertido *enjoyable*
escuchando la música y observando a las parejas
jóvenes que se divierten bailando y charlando.
30 Antes de volver al hotel, los dos dan un largo
paseo por la ciudad. Aunque es tarde, hay mu-
cha gente en las calles, incluso indias que venden   incluso *including*
distintas mercancías.   distinto *different*
                                                        la mercancía
—Javier, parece que estas indias nunca se   *merchandise*
35 acuestan. Las vemos día y noche.

—Así se ganan la vida. Vamos a ver lo que ven-   ganarse la vida *to*
den.   *earn one's living*

—Buenas noches, señor. ¿Quiere comprar algo
para su señora?
40 —¿Quieres algo, Susana?

—Creo que no. Habrá mucho que comprar en   habrá *there will be*
otros lugares.

—No, gracias, señora. Quizás en otra ocasión.   Quizás . . .
                                                       ocasión *Perhaps*
—Buenas noches, señores. Hasta la vista.   *some other time*
45 —Y ahora al hotel —dice Javier—. Mañana
viene el taxista para llevarnos a Pisac.

(A la mañana siguiente.)

—Buenos días, señores. ¿Están listos para la
excursión?

—¡Seguro que sí! —responde Javier—.   Seguro que sí *Of*
50 ¿Adónde vamos primero?   *course we are*

—Vamos directamente a Pisac, y en el viaje de
vuelta pasaremos por las cuatro ruinas. ¿De
acuerdo?

—Sí, señor. Vamos en seguida.
55 La excursión a Pisac y a las cuatro ruinas es
muy emocionante. En Pisac hay un gran mercado al aire libre donde Susana y Javier compran
varios artículos hechos por los indios. Estos in-   hecho *made*
dios se visten de un modo muy atractivo: las

60 mujeres con falda roja y sombrero rojo y redondo; los hombres con pantalones y chaquetas
de color castaño y gorros de varios colores. Todos andan sin zapatos, que es la costumbre aquí,
aunque las calles están sin pavimentar.

65   En el viaje de vuelta, Susana y Javier visitan las
cuatro ruinas: Sacsahuamán, Tambomachay,
Puca-Pucará y Quenco.

   Los dos encuentran más interesante la Fortaleza de Sacsahuamán.

(de color)
castaño *brown*
  el gorro *cap*
sin pavimentar
  unpaved

70   —Esta estructura, que se extiende unos tres-
cientos metros, —explica el taxista—, fue cons-
truida de bloques de piedra que pesaban unas   pesaban *weighed*
trescientas toneladas. Los indios los colocaban   la tonelada *ton*
perfectamente el uno sobre el otro sin usar ni   colocaban *placed*
                                                   el uno sobre el
75 cemento ni argamasa.   otro *one on top of*
     —¡Qué maravilla! —exclama Susana.   *the other*
     —Y, ¿cómo llevaban los bloques si no tenían   la argamasa *mortar*
                                                   llevaban *did they*
ruedas? —pregunta Javier.   *carry*
     —Pues, usaban rodillos de madera o palancas   usaban *they used*
80 para transportar los bloques a grandes distancias. rodillos de
                                                   madera *log rollers*
     Como Sacsahuamán está en las afueras de   la palanca *lever*
Cuzco, nuestros dos amigos vuelven a su hotel   las afueras *outskirts*
a los pocos minutos.
     —Gracias por la excursión. Fue muy intere-
85 sante —le dice Javier al taxista.
     —De nada. Siempre es un placer encontrarme
con turistas tan simpáticos como Uds. Hasta la
próxima vez.

          (A la mañana siguiente.)

     Susana y Javier se levantan muy temprano para
90 tomar el tren a Machu Picchu. El tren tarda tres
horas y media en recorrer los 112 kilómetros (70
millas), y el viaje ofrece grandes contrastes pa-
norámicos. El tren llega al pie de la montaña. Al
bajar del tren, Susana y Javier ven a mucha gente
95 que esperan su turno para tomar el microbús que
los llevará a la cumbre de la montaña.
     —¡Cuánta gente! —exclama Susana—. ¿De
dónde vienen todas estas personas? Y, ¡tantos
niños! ¿No tienen que ir a la escuela?
100 —No sé, pero voy a preguntar a alguien. (A
un señor que está a su derecha.) —Perdón, señor.
¿Sabe Ud. por qué hay tanta gente aquí?
     —Sí, señor. En esta época las escuelas están   la época *time of*
cerradas y por eso los niños están de vacaciones.   *year*
                                                    de vacaciones *on*
105 Muchas familias hacen una excursión a Machu   *vacation*

Picchu durante este tiempo. Tenga paciencia.
Cada microbús lleva sólo veinte personas. Tenemos que esperar mucho tiempo.

—Afortunadamente tenemos una reservación
110 en el hotel.

Después de dos horas de espera, Susana y Javier suben al microbús. La subida es muy pintoresca y parece ser peligrosa porque la carretera
es muy estrecha, tiene muchas curvas y está sin
115 pavimentar.

—Susana, este viaje parece ser interminable.
¿Dónde está Machu Picchu?

En el momento en que Javier dice estas últi-
mas palabras, el microbús dobla una curva y . . .   doblar *to turn*
120 —¡Javier, mira hacia adelante!   hacia adelante
—¡Ah!   *ahead*

EJERCICIOS

**A. Todas las oraciones son falsas. Diga cada oración
correctamente:**

1. Cuzco es más grande que Lima.
2. Javier y Susana desayunan en un restaurante típico.
3. Javier y Susana tocan música en la Plaza de Armas.
4. Hay varias mesas desocupadas en la peña.
5. Susana y Javier se sientan a una mesa con otra pareja.
6. Después de salir de la peña, los dos vuelven directamente al hotel.
7. Susana quiere venderle algo a la india.
8. Los dos van a Pisac en avión.
9. En Puca-Pucará encuentran un mercado.
10. Susana lleva un sombrero rojo y redondo.
11. Javier lleva pantalones castaños.
12. La Fortaleza de Sacsahuamán se extiende 300 pies.
13. Los indios usaban ruedas para llevar los bloques.
14. El taxista les da las gracias a Susana y Javier.
15. Los dos viajan a Machu Picchu a pie.

16. Pocas personas quieren subir a Machu Picchu.
17. Los niños están con sus maestros.
18. La carretera de Machu Picchu es ancha y está bien pavimentada.

B. Vocabulario. Complete la oración con una palabra sacada del capítulo:

1. Un sinónimo de «dar un paseo» es _____ .
2. Vivo en el tercer _____ de mi casa.
3. El _____ dice: «Se prohíbe fumar».
4. Susana y Javier son una buena _____ .
5. El antónimo de «levantarse» es _____ .
6. ¿Estás _____ para salir de casa?
7. Yo _____ 135 libras.
8. Un auto tiene cuatro _____ , y una bicicleta tiene dos.
9. Es muy _____ cruzar la calle con este tránsito (*traffic*).
10. Los autos andan por la _____ .

C. Modismos con verbos. Diga las oraciones en español según los modelos:

1. We have to wait for the bus. Tenemos que esperar el autobús.
   I have to wait for the train.
2. I'm taking a walk through the park. Doy un paseo por el parque.
   They're taking a walk through the square.
3. How does he earn his living? ¿Cómo se gana él la vida?
   How do you [familiar singular] earn your living?
4. My parents are on vacation. Mis padres están de vacaciones.
   His friend is on vacation.

D. The authors' word processor has broken down again. Can you rearrange the words in each sentence to make sense? The result will be a summary of the chapter:

1. en y y pasean por típico comen restaurante un Javier Susana Cuzco
2. Andes de música para una entran luego peña típica los a oír
3. en calle a india vende pero compran nada no mercancías que una ven la
4. taxi Pisac van día al siguiente a en

5. al mercado un en artículos varios compran libre aire
6. ruinas varias visitan vuelta de viaje el en
7. dan Cuzco a volver al taxista al gracias las
8. toman siguiente el mañana tren la para a Picchu Machu
9. donde horas dos el tren el de montaña una microbús durante llega esperan al pie
10. la peligrosa subida es a Picchu Machu muy

E. **Before looking at the next chapter, try to guess what Javier saw when he looked ahead. Write an original sentence in Spanish telling what you think Javier said after the word "ah." Extra credit may be given to the best original answers.**

CAPÍTULO TRECE

La ciudad encontrada

—¡Ah! ¡Qué vista más espectacular! Dame la cámara fotográfica. No quiero perder nada.

perder *to miss*

—Aquí la tienes. Pero, espera que el microbús llegue a la cumbre. Podemos sacar fotos al bajar
5 del microbús.

espera que el microbús llegue *wait for the van to arrive*

Después de bajar del microbús, Susana y Javier se dirigen directamente al hotel, depositan sus equipajes en su habitación e inmediatamente van al sitio de las ruinas.

10 —Hay tanta gente aquí —dice Javier—. No podremos ver mucho.

—Pues, vamos a regresar al hotel y a esperar hasta más tarde. La mayor parte de los turistas tendrá que bajar dentro de dos horas para volver
15 a Cuzco. Entonces todo Machu Picchu será para nosotros.

la mayor parte de *most of*

Susana y Javier vuelven al hotel, donde comen algo y leen la guía para familiarizarse con Machu Picchu antes de pasearse por las ruinas.

20 —¿Qué dice la guía, Susana?

—Dice: «La ciudad perdida de los incas, descubierta en 1911 por el senador norteamericano Hiram Bingham, se considera el sitio arqueológico más famoso y espectacular del hemisferio
25 occidental. Hay varias teorías acerca de Machu

descubierta *discovered*

Picchu. Algunos creen que fue una fortaleza construida por los incas para protegerse contra sus enemigos. Otros creen que fue un santuario de un grupo de mujeres escogidas para el Dios
30 Sol. Otros creen, y esto es lo más probable, que fue el refugio final del último rey inca y de su comitiva al huir de los españoles hacia la seguridad de la selva».

el santuario *sanctuary*
escojidas *chosen*
lo más probable *the most likely*
la comitiva *retinue*
la seguridad *safety*

(A las tres de la tarde.)

Nuestros dos trotamundos regresan al sitio de
35 las ruinas y empiezan a pasear siguiendo una ruta sugerida por la guía. A la entrada de las ruinas ven unas casitas.

sugerida *suggested*

—Según la guía —dice Javier— estas casas fueron construidas de piedra y argamasa y tenían
40 techos de paja. Se cree que en Machu Picchu había entre 500 y 1.000 habitantes que vivían en unas 250 casas.

la argamasa *mortar*
el techo de paja *straw roof*
había *there were*

—Vamos a subir esta escalera de piedras para ver adónde nos lleva —dice Susana.

45 Susana y Javier continúan andando por las ruinas, viendo las casas, los santuarios y las terrazas[1] de los incas.

la terraza *terrace*

—Javier, ¿qué es aquel pico que vemos a lo lejos?

a lo lejos *in the distance*

50 —Se llama Huayna Picchu. La guía dice que vale la pena subir a la cumbre de este pico para gozar de una vista de todo Machu Picchu.

vale le pena *it is worthwhile*
gozar de *to enjoy*

—Gracias, pero es demasiado alto. Prefiero mirar el pico desde aquí.

55 —Tienes razón. Es una subida para personas muy fuertes. Pero podemos ir al Templo del Sol para ver el Reloj del Sol. La guía dice que este reloj fue tallado en piedra por los incas.

la subida *climb*

tallado *carved*

[1]Incas terraced the hills to grow their crops.

—Allí está el Templo, a la derecha. Vamos a
60 entrar.

—El reloj parece estar en buen estado. Creo   el estado *condition*
que los incas fueron excelentes astrónomos y
matemáticos.

Susana y Javier pasan unas tres horas entre las   unos,-as *about*
65 ruinas admirando las maravillas de los incas.   *(some)*

—Creo que es hora de regresar al hotel —dice   es hora de *it is*
Javier— y comer algo. Como hay muy poco que   *time to*
hacer aquí de noche, nos acostaremos temprano
y nos levantaremos cuando salga el sol.   cuando salga el sol
70 —De acuerdo. Vámonos. Tengo mucha   *at sunrise*
hambre.   vámonos *let's go*

(A las seis de la mañana.)

Susana y Javier se despiertan al amanecer y, al mirar por la ventana de su habitación, ven un espectacular panorama de Machu Picchu. Des-
75 pués de tomar un desayuno ligero, se dirigen directamente a la entrada de las ruinas.

—¿Tenemos suficientes rollos de fotografía, Javier?

—Sí, tenemos seis rollos. Hay mucho que fo-
80 tografiar aquí. Ponte a la entrada de esa casa.

—¿Por qué? (clic) ¡Ay! ¡Me sacaste una foto!

—¡Claro! Y tú no te diste cuenta.

—Y ahora es mi turno. Dame la cámara. Ponte al lado de ese muro de piedras. (clic) Y ahora tú
85 y yo juntos. (A un niño que está cerca.)

—¿Quieres hacernos el favor de sacarnos una foto?

—Sí, con mucho gusto. ¿Qué hago?

—Sólo hay que mirar por la ventanilla del visor y oprimir el disparador. Esta cámara es comple-
90 tamente automática.

—¡Ah! ¡Qué fácil es! ¿Están listos? Sonrían y. . .(clic).

—Gracias, chico —dice Susana—. ¿Eres turista?

—No, señora. Mi padre trabaja en el hotel.
95 Como estoy de vacaciones, le ayudo en su trabajo. Ahora estoy libre. ¿Les puedo servir de guía?

—¡Cómo no! —responde Javier—. ¿Cómo te llamas?

100 —Me llamo Pedro García, a sus órdenes.

Pedro conduce a Susana y Javier por varias partes de las ruinas. Los tres suben y bajan las numerosas escaleras de piedras que se encuentran por todo Machu Picchu.

105 —Estas escaleras unían los numerosos palacios y plazas de Machu Picchu —explica el muchacho.

al amanecer *at dawn*

Ponte *Put yourself*

tú. . .cuenta *you didn't realize it*

¿Quieres. . .foto? *Would you please take our picture?*
la. . .visor *the viewfinder eyepiece*
oprimir el disparador *press the shutter-release button*
Sonrían *smile*

a sus órdenes *at your service*

unían *connected*

—Y parecen estar en muy buenas condiciones
—comenta Susana.

110   —Y ahora, señores, con su permiso, tengo que
volver al hotel, donde me espera mi padre.
¿Quieren acompañarme?

—Gracias, chico, pero queremos quedarnos
aquí un rato más. Toma, por ser un guía tan
115   excelente —dice Javier.

—¡Oh no, señor! No puedo aceptar propina.
Ha sido un placer. Hasta luego.

—Pues, hasta la vista, señor guía.

—¡Qué muchacho más simpático!, ¿verdad,
120   Javier?

—¡Y qué buen guía también!

—Pues sigamos andando por las ruinas. Hay
mucho que ver.

En ese momento se oye un gran ruido y el cielo
125   empieza a nublarse.

—¿Qué es aquel ruido, Javier?

—No estoy seguro, pero creo que. . .

Toma Take; here,
  this is for you
por ser for being
un. . .excelente
  such an excellent
  guide
Ha sido un placer
  It has been a
  pleasure
¡Qué. . .simpático!
  What a nice boy!

sigamos let's
  continue

nublarse to *darken*

EJERCICIOS

A. Conteste con oraciones completas:

1. Cuando el microbús dobla la curva, ¿qué ven Javier y Susana?
2. ¿Qué hacen los dos para conocer Machu Picchu mejor?
3. ¿Cuál es la teoría más probable acerca de Machu Picchu?
4. ¿Qué ven los dos al entrar a las ruinas?
5. ¿Qué es Huayna Picchu?
6. ¿Dónde se puede ver el Reloj del Sol?
7. ¿Cuándo se puede ver un buen panorama de Machu Picchu?
8. ¿Con quién se encuentran Susana y Javier entre las ruinas?
9. ¿Por qué tiene el chico que regresar al hotel?
10. ¿Qué le ofrece Javier al muchacho? ¿La acepta?

B. Todas las oraciones son falsas. Diga cada oración correctamente:

1. Susana quiere sacar fotos antes de llegar a Machu Picchu.
2. Javier y Susana dejan sus maletas entre las ruinas.
3. Machu Picchu fue descubierto por Javier Bingham.
4. Los dos dejan las ruinas a las tres de la tarde para volver al hotel.
5. Los incas ven las casas de Susana y Javier.
6. Javier y Susana se acuestan al amanecer.
7. Los dos van a sacar una foto del chico.
8. Pedro García trabaja en el hotel.
9. Se oye un ruido que viene desde el hotel.

C. Vocabulario. Busque la palabra para completar la oración:

1. Desde la cumbre de la montaña hay una _____ espectacular.
2. Un sinónimo de «las maletas» es los _____ .
3. El antónimo de «el amigo» es el _____ .
4. El esposo de la reina es el _____ .
5. La parte superior (*upper*) de la casa es el _____ .
6. El antónimo de «débil» es _____ .
7. Para saber qué hora es, miramos el _____ .
8. El antónimo de «dormirse» es _____ .
9. Usamos la escalera para _____ y _____ .
10. El _____ gris indica que va a llover.

D. Modismos con verbos. Haga la oración en español según el modelo:

1. Is it worthwhile to visit Machu Picchu? ¿Vale la pena visitar Machu Picchu?
   It isn't worthwhile to go to the movies.
2. I'm not very hungry. No tengo mucha hambre.
   We aren't very hungry.
3. They're taking a picture of the mountain. Ellos (Ellas) sacan una foto de la montaña.
   I'm taking a picture of the fortress.
4. My cousins are on vacation. Mis primos están de vacaciones.
   His friends are on vacation.
5. Do you have to go home? ¿Tienes que ir a casa?
   Does she have to leave?

E. Modismos sin verbos. Complete cada oración con un modismo de la lista:

la mayor parte de   de noche
acerca de   con mucho gusto
a lo lejos

1. Háblenos _____ sus aventuras en Sudamérica, señor Rivera.
2. _____ hay menos gente en Machu Picchu.
3. _____ los alumnos de esta clase son inteligentes.
4. —¿Quieres acompañarnos al cine esta noche?
   —¡ _____ !
5. _____ se ve un magnífico panorama.

F. Resumen. Coloque las oraciones en su orden correcto para formar un resumen del capítulo:

1. El chico se despide de ellos y ahora continúan caminando por las ruinas.
2. Al poco rato oyen un ruido en el cielo, pero no saben qué es.
3. En el hotel consultan la guía para conocer bien Machu Picchu.
4. Tres horas más tarde, deciden volver al hotel para comer algo.
5. Susana y Javier van a sacar fotos al llegar a Machu Picchu.
6. Pero vuelven al hotel porque hay mucha gente entre las ruinas.
7. Llegan al hotel y en seguida se dirigen a las ruinas.
8. Javier le ofrece una propina al chico pero éste no la acepta.
9. Este chico los conduce por las ruinas.
10. Al amanecer ven el magnífico panorama de Machu Picchu.
11. Cuando vuelven a las ruinas se encuentran con un muchacho que les saca varias fotos.
12. Luego pasean por las ruinas y ven casas, santuarios y terrazas.
13. Leen que hay distintas teorías acerca de la historia de Machu Picchu.
14. Se acuestan temprano para poder levantarse temprano a la mañana siguiente.
15. Luego visitan el Templo del Sol para ver el famoso reloj.
16. Ven el pico de Huayna Picchu, pero no quieren subir a la cumbre.

G. Diálogo. Imagine that you are a tourist guide at Machu Picchu. Supply the words for your role in Spanish. You may use the suggested hints, if you wish, but you don't have to be bound by them:

El guía: —_____ (Good morning. Do you need a guide?)

El turista: Sí, señor, ¿Puede Ud. conducirnos por las ruinas?

El guía: —_____ (Gladly. Where do you wish to go?)

El turista: Queremos ver el pico de Huayna Picchu y el Templo del Sol.

El guía: —_____ (Huayna Picchu is very high, but the Temple of the Sun is nearby.)

El turista: ¿Muy alto? Entonces, vamos a ver el Templo del Sol. No queremos subir tanto.

El guía: —_____ (Here we are. Let's go in to see the famous sun clock).

El turista: Sí, vamos a verlo. La guía dice que fue tallado en piedra por los incas. ¿Es verdad?

El guía: —_____ (That's correct. May I take a picture of you and your wife?)

El turista: Buena idea. Aquí tiene la cámara fotográfica. Sólo hay que mirar por la ventanilla del visor y oprimir el disparador. Es muy fácil.

El guía: —_____ (You're right. It is very easy. Now, smile, please).

H. (Optional) Can you guess what was happening at the end of the chapter? Write one or two sentences in Spanish describing what you think happened. Extra credit may be awarded to the best original responses.

CAPÍTULO CATORCE

¡Qué mono más grande!

—. . .Creo que está tronando y que pronto va a llover.

—¡Ya está lloviendo! Vamos a correr hacia el hotel, porque aquí entre las ruinas no hay donde 5 protegerse de la lluvia.

Susana y Javier corren muy rápidamente al hotel y llegan mojados hasta los huesos. Después de cambiarse de ropa, se preparan para regresar a Cuzco. Al salir del hotel, se encuentran con 10 Pedro.

—Adiós, señor guía —gritan Susana y Javier—. Muchas gracias por la gira turística.

—De nada, señores. Hasta su próxima visita. ¡Buen viaje!

15 La bajada en microbús parece aún más peligrosa que la subida, aunque la vista es espectacular. El tren espera a los turistas y al poco rato ya están en camino de Cuzco. El viaje en tren es muy cómodo. En todos los vagones hay cuartos 20 de aseo y se venden refrescos.

—¡Qué viaje más emocionante! —dice Javier—. Creo que Machu Picchu es el sitio más interesante que hemos visitado este verano.

—Estoy de acuerdo. Pero tiene que haber otros 25 lugares interesantes que visitar en otros países.

tronando
thundering

protegerse de la lluvia *to take refuge from the rain*

mojados. . .huesos *soaked to the skin*

la gira turística *the tour*

aún *even*

están en camino *they're on their way*

el vagón *car*
el cuarto de aseo *restroom*

tiene que haber *there must be*

112

—Nos queda un día en Cuzco. Pasado mañana salimos para Lima.

—Pero aquí en el Perú hay otro lugar que debemos ver.

30 —¿Cuál es?

—Nazca.

¡Ah!, sí. Las famosas Líneas de Nazca. Pero no sé si es posible obtener pasajes para mañana.

—Al volver a Lima vamos a llamar a la señorita

35 Ramírez.

—De acuerdo.

(De vuelta a Lima.)

—Viajes Ramírez. Buenas tardes.

—¿Puedo hablar con la señorita Ramírez?

—¿De parte de quién?, por favor.

40 —De parte del señor Rivera.

—¡Ah! Espere un momento, por favor.

—Hola, señor Rivera. ¿Qué tal el viaje a Cuzco y a Machu Picchu?

—¡Estupendo! Todo resultó perfecto.

45 —Me alegro mucho. ¿En qué puedo servirle?

—Pues, como nos queda un solo día aquí en Perú, ¿sería posible conseguir pasajes para Nazca?

—No estoy segura, pero voy a ver. ¿Están ustedes en su hotel?

50 —Sí, estamos en nuestra habitación.

—Muy bien. Los llamaré dentro de unos minutos.

Gracias. Esperamos su llamada.

(15 minutos más tarde.)

—Diga.

55 —Le habla la señorita Ramírez. Tienen suerte. Tengo dos pasajes de avión para Nazca. Allí pueden tomar otro avión pequeño, de tres plazas.

—¿Qué dice Ud? —exclama Javier—. ¿Un avión

Nos queda un día
We have one day left

pasado mañana
day after tomorrow

¿Qué tal el viaje a. . . How was the trip to. . .?
resultó turned out

Esperamos We'll wait for

Le habla. . .This is. . . calling

de tres plazas with three seats

60 que lleva sólo cuatro personas? ¿No es peligroso?

—Pues, es una avioneta de un solo motor. Es
la única manera de volar encima de las Líneas.
¿Les reservo dos pasajes?

—Espere Ud. un momento, por favor.

65 (A Susana.) —No me gusta la idea de viajar en
un avión tan pequeño. ¿Qué piensas tú de la
idea?

—Me encanta la idea, pero sé que a ti no te
gustan los aviones pequeños. Si no quieres ir, iré

70 yo sola. Tengo que ver las famosas Líneas.

—Pero, ¿no tienes miedo?

—De ningún modo. Soy muy aventurera.

(A la señorita Ramírez.) —Por favor, reserve
Ud. un solo pasaje, para mi esposa. Ella es muy

75 valiente.

—De acuerdo. Se lo entrego ahora mismo. Es-
peren en su habitación.

—Muchas gracias y hasta luego.

La señorita Ramírez trae los boletos y le dice

80 a Susana que tiene que estar lista a las ocho de
la mañana, porque el avión sale a las nueve. Le
dice también que el viaje va a durar todo el día
y que volverá a Lima a eso de las siete de la tarde.

—Durante tu excursión yo voy a pasear por las

85 calles de Lima en busca de sitios nuevos.

—Buena idea. Pero, no te pierdas.

(A la mañana siguiente.)

—Adiós, Javier. Hasta más tarde.

—Adiós, y buen viaje.

El avión tarda una hora en llegar a Nazca. Allí

90 las avionetas esperan a los pasajeros que van a
volar encima de las Líneas. Como Susana va sola,
tiene que compartir el avión con un matrimonio
japonés que conoció en el viaje entre Lima y
Nazca. El piloto es un joven muy simpático que

---

una avioneta. . .
motor *a single-
engine small
plane*
encima de *over,
above*

un avión tan
pequeño *such a
small plane*
Me. . .idea. *I love
the idea.*

De ningún modo.
No way.

Se . . .mismo. *I'll
deliver it to you
right now.*

el boleto *ticket*

a . . .tarde *at
about 7:00 p.m.*
pasear *roam*

No te pierdas.
Don't get lost.

compartir *to share*
el matrimonio
married couple
conoció *(she) met*

95 hace muchos comentarios y contesta las preguntas de los pasajeros.

—Estas Líneas que Uds. van a ver, y que se
extienden unos 50 kilómetros del norte al sur,
sólo son visibles desde el aire. Si Uds. miran con
100 cuidado, verán que estas Líneas representan rec-
tángulos, cuadrados, círculos, animales, pájaros
y figuras humanas.

¿Qué edad tienen estas Líneas? —pregunta Susana.

105 —Nadie sabe, pero datan de muchos siglos
antes de la época de los incas. Algunos dicen que   la época *times, era*
unos dibujos datan de civilizaciones anteriores a
la civilización nazca.

—¿Y cómo pudieron dibujar estas Líneas?

110 —Esto es un gran misterio. Hay varias teorías.
Una es que las Líneas fueron dibujadas por seres   fueron dibujadas
extraterrestres. Otra teoría dice que los indios   *were drawn*
                                                          seres *beings*
dibujaban las Líneas en la tierra, guiados por   guiados *guided*
otros que volaban encima de ellos en globos lle-   globos. . .humo
115 nos de humo.   *smoke-filled*
                                                          balloons

—Es evidente que estos indios tenían una civilización muy avanzada —dice Susana.

—Desde luego —contesta el piloto. Y se cree   desde luego
que estos dibujos geométricos son una escritura   *certainly*
                                                          una escritura
120 simbólica, en que las mismas palabras se han es-   *writing*
crito a veces en letras gigantes, otras en letras   se han escrito *were*
pequeñas. Todos los dibujos son diferentes y no   *written*
hay dos iguales.

Susana nota que sus amigos japoneses no com-
125 prenden muy bien al piloto. Y como ellos hablan inglés bien, ella les traduce las explicaciones
del piloto.

Yo creo que estas civilizaciones poseían cono-   poseían *possessed*
cimientos de aeronáutica —dice Susana.

130 —Es muy posible, pero nadie sabe la historia
verdadera. Y lo más interesante es que las fi-   lo más interesante
guras, por ser tan grandes, se ven sólo desde el   *the most*
                                                          interesting thing
aire. Ahora, miren Uds. abajo y verán la figura   por ser *because they*
de un mono, del tamaño de un campo de fút-   *are*
                                                          el tamaño *size*
135 bol. Y su mano izquierda mide unos doce me-   mide *measures*
tros.

—Pero, ese mono tiene cinco dedos en una
mano y cuatro en la otra —exclama Susana—.
¡Qué raro!   ¡Qué raro! *How*
                                                         strange!
140 —Es verdad. A veces los artistas cometían
errores. Y, ahora, si miran para abajo, verán la   para abajo *below*
famosa ballena matadora, un símbolo de una   la ballena
                                                          matadora *killer*
                                                          whale

tribu de cazadores de cabezas. Si miran con cuidado, verán que una cabeza humana cuelga del
145 cuerpo de la ballena.

—¡Ay! ¡Qué horrible! —grita Susana.

—Y así —dice el piloto— termina nuestro
vuelo. ¿Les ha gustado?

—Sí, muchísimo —exclaman los tres turistas.
150 Al bajar de la avioneta, la pareja japonesa le da
las gracias a Susana por ser tan buena intérprete.
Los tres pasan algún tiempo en el hotel del lugar
para descansar y tomar algunos refrescos, mientras esperan el avión que los llevará a Lima.

(De vuelta a Lima.)

155 Al salir de la terminal del aeropuerto de Lima,
Susana ve. . .

*cazadores de
cabezas
headhunters*
cuelga is hanging

así this way
*¿Les ha gustado?
Did you like it?*

EJERCICIOS

A. Conteste en español con oraciones completas:

1. ¿Por qué corren Susana y Javier al hotel?
2. ¿Cómo es la bajada en autobús?
3. Describa el viaje en tren a Cuzco.
4. ¿Qué desea visitar Susana?
5. ¿Con quienes comparte Susana el avión que vuela sobre las Líneas de Nazca? ¿Por qué?
6. ¿Quién hace comentarios sobre las Líneas?
7. ¿Cuántes teorías hay acerca de las Líneas, según el piloto?
8. ¿Por qué es raro el mono?
9. ¿Qué representa la ballena?

B. Cierto o falso. Si la oración es cierta, diga «cierto». Si es falsa, diga la oración correctamente:

1. Cuando salen del hotel, Javier y Susana ven al padre de Pedro.
2. Javier no quiere ir a Nazca porque no quiere estar con Susana.
3. Javier y Susana van a la oficina de la señorita Ramírez a recoger
   los billetes.

4. El tren para Nazca sale a las nueve de la noche.
5. Javier va a pasear por Lima mientras Susana viaja a Nazca.
6. Susana viaja sola en la avioneta que vuela encima de las Líneas.
7. Las Líneas de Nazca se extienden 50 millas.
8. Todos los dibujos geométricos son iguales.
9. Susana traduce al japonés las explicaciones del piloto.
10. En el hotel, Susana y el matrimonio japonés esperan el avión que va a llevarlos a Lima.

C. Vocabulario. Busque en el capítulo la palabra correcta:

1. Está tronando; parece que va a _____.
2. A veces un vuelo en avioneta puede ser muy _____.
3. Un sinónimo de «confortable» es _____.
4. Tengo sed. Vamos a tomar unos _____ en el café.
5. ¿Dónde puedo _____ los billetes del avión?
6. Una avioneta lleva a pocos _____.
7. El antónimo de «el sur» es el _____.
8. Lo contrario de «arriba» es _____.
9. La mano tiene cinco _____.

D. Modismos con verbos. Haga la oración en español según el modelo:

1. Where do we change clothes? ¿Dónde nos cambiamos de ropa?
   Do I change clothes now?
2. We're on our way to Nazca. Estamos en camino de Nazca.
   They're on their way to Lima.
3. Do you agree with the pilot? ¿Estás de acuerdo con el piloto?
   Does he agree with Susana?
4. They are very lucky. Ellos (Ellas) tienen mucha suerte.
   I am very lucky.
5. What does he think of Nazca? ¿Qué piensa él de Nazca?
   What do you (formal singular) think of the trip?
6. I'm afraid to fly. Tengo miedo de volar.
   We're afraid to travel.
7. How long does it take you to eat? ¿Cuánto tiempo tarda Ud. en comer?
   How long does it take her to study?
8. How old are the Lines? ¿Qué edad tienen las Líneas?
   How old is Nazca?

E. **Modismos sin verbos. Complete cada oración con un modismo de la lista:**

buen viaje	a eso de	con cuidado
pasado mañana	en busca de	desde luego
de vuelta a	encima de	hasta luego

1. María siempre hace sus tareas _____.
2. —_____, señores. —Hasta la vista, señor guía.
3. Ayer, hoy, mañana, _____.
4. Llegamos a casa _____ las ocho de la noche.
5. Los turistas van _____ aventuras.
6. Volamos _____ las Líneas.
7. —¿Te gusta el viaje?
   —¡ _____!

F. **Resumen. Susana has sent a telegram to a friend. The telegram is in abbreviated form. Convert her phrases to regular sentences in the present tense. Verbs must be conjugated, adjectives must agree with their nouns or pronouns, and words must be added. The result will be a summary of the chapter:**

Example: Susana/Javier/ser/profesores/norteamericano/viajar/Sudamérica
   Susana y Javier son profesores norteamericanos que viajan por Sudamérica.

1. yo/Javier/correr/hotel/empezar/llover
2. estar/mojado/cambiarse de ropa
3. bajar/microbús/tomar/tren/Cuzco
4. yo/querer/visitar/Nazca
5. llamar/agencia/señorita Ramírez
6. señorita Ramírez/tener/pasajes/Nazca
7. Javier/tener miedo/no ir/Nazca
8. mañana siguiente/yo/tomar/avión/Nazca
9. tomar/avioneta/volar/Líneas
10. piloto/contestar/preguntas/pasajeros
11. yo/intérprete/matrimonio japonés
12. grupo/ir/hotel/tomar/refrescos
13. volver/Lima

G. (Optional) Imagine that you are the author of this book. How would you end the chapter? Rewrite the last sentence in Spanish. As an alternate exercise, you may wish to add two or three sentences to show that you are guessing what follows in the next chapter. Extra credit may be given to the best responses, which the class may vote on.

CAPÍTULO QUINCE

¡Ay, estas colinas!

¿A quién ve Susana?

—Hola, Javier. ¿Qué haces aquí?

Estaba muy aburrido en Lima y decidí ir a buscarte al aeropuerto.

5 —¡Qué buen marido eres!

—Y, dime, ¿cómo fue la excursión?

—Estupenda. Valió la pena.

—¿Sacaste muchas fotos?

—Dos rollos completos. Pero, ¿qué has hecho
10 todo el día?

—Paseé por la ciudad buscando sitios nuevos.

—Y, ¿qué encontraste?

—Un gran mercado al aire libre.

—¿Compraste algo?

15 —Sí.

—Qué compraste?

—Toma.

—¿Algo para mí?

—Sí, abre el paquete.

20 Susana abre el paquete y descubre una figura
de cerámica que representa un hombre con la
cabeza alargada y puntiaguda.

—¡Qué bonito regalo! Me encantan los artículos de cerámica.

25 —Según el vendedor —dice Javier— esta figura
es muy típica de la civilización nazca.

la colina *hill*

buscarte *pick you up*

completo *full*

la . . . puntiaguda *an elongated pointed head*

121

—Sé exactamente dónde voy a colocarla en nuestro apartamento.

—Y ahora, ¿sabes lo que tenemos que hacer?

30 —Sí. Tenemos que hacer nuestras maletas, porque mañana vamos a La Paz, la capital más alta del mundo.

—Dicen que por la noche allí hace mucho frío. Creo que voy a necesitar la chompa que com-
35 pramos en Cuzco. ¡Y cuidado con el soroche!

cuidado con *careful with (beware of)*

(Al día siguiente.)

—Atención, señores pasajeros. Dentro de 15 minutos vamos a aterrizar en el aeropuerto de El Alto . . .

—Este aeropuerto —dice Susana— está a
40 13.000 pies sobre el nivel del mar. Está a mil pies por encima de La Paz.

pies sobre = pies por encima *feet above*

—¿Cómo sabes todo esto?

—Está escrito en la guía.

Susana y Javier comparten el taxi con una seño-
45 rita boliviana que pasó unos días en Lima en viaje de negocios y ahora va de regreso a casa. La seño-rita es muy amable y les habla de su ciudad natal con mucho orgullo.

el viaje de negocios *business trip*
natal *native*

—Aquella montaña que ven a lo lejos es el fa-
50 moso volcán de Illimani. Fíjense que la montaña está cubierta de nieve.

a lo lejos *in the distance*
fíjense *notice*
cubierto de *covered with*

—Desde la carretera —dice Javier— la vista de la ciudad es muy impresionante. ¿Quiénes viven en aquellas casas que parecen estar adosadas a la
55 montaña?

adosado a *leaning against*

—Allí viven los indios —contesta la seño-rita—. Aquí en La Paz, al contrario de otras ciu-dades, cuanto más pobre la gente, tanto más alto el sitio en que vive. Parece extraño, pero es in-
60 teresante, ¿verdad?

al contrario de *unlike*
cuanto más . . . tanto más *the more . . . the more*

—Sí, es verdad.

Susana y Javier pasan su primer día en La Paz

paseando por la ciudad. La parte moderna está
alrededor de la avenida del 16 de Julio (o el
65 Prado), donde se encuentra una estatua muy
grande de Simón Bolívar. No muy lejos de aquí
está la Plaza de San Francisco, donde se encuentra la Iglesia del mismo nombre.

    Mira hacia la iglesia, Javier. Hay un grupo de
70 indios que sale de la iglesia.

    —Debe de ser una boda. Allí están los novios.

    La novia lleva una pollera, un chal blanco y el
famoso bombín. Y el novio viste un elegante
traje de gala y lleva una banda de colores llamada

del mismo
  nombre *of the*
  same name
los novios *bride*
  and groom
la pollera *hoop skirt*
  el chal *shawl*
el bombín *bowler*
  hat
  viste *is wearing*
el traje de gala
  full-dress suit
  la banda *band*

75 «aguayo» cruzada sobre el traje. Los novios están conduciendo una procesión de miembros de la familia, amigos y vecinos hasta la casa de la novia, donde empieza la fiesta de la boda.

A poca distancia de la iglesia, Susana y Javier 80 ven la estatua de Ekeko, el dios de la buena suerte, y se acercan a ella.

—Ekeko parece estar muy alegre, con esa sonrisa —dice Susana.

—Vamos a leer la inscripción:

85 LA MUNICIPALIDAD DE LA PAZ
ERIGE ESTE MONUMENTO AL
EKEKO,
DIOS AYMARÁ[1] DE LA FELICIDAD,
FECUNDIDAD Y ABUNDANCIA,
90 SÍMBOLO DE LAS MÁS PRECIADAS
TRADICIONES KOLLAS[1] DE
CHUQUISACA[2],
COMO AUGURIO DE PROSPERIDAD   el augurio *omen*
Y FELICIDAD DEL PUEBLO PACEÑO

95 —Ahora sabemos por qué Ekeko tiene la cara tan alegre —dice Susana—. Vamos a caminar hacia la Plaza Murillo.

Para llegar a la Plaza Murillo, hay que andar cuesta arriba.   cuesta arriba *uphill*

100 —Aquí en La Paz hay muchas colinas. Es muy difícil subir y bajar tantas veces —dice Susana.

—¡Ah!, por fin llegamos. Vamos a sentarnos en ese banco. Estoy sin aliento —dice Javier.   sin aliento *out of breath*

—Yo también. En esta ciudad sólo se sube y se 105 baja.

—Mira las palomas. Pero no tenemos nada que   la paloma *pigeon* darles de comer ¡Qué lástima! Van a tener   darles de comer *to feed them* hambre.

[1] **aymará, kollas (collas):** Aymará Indians of the Andean highlands.
[2] **Chuquisaca:** the old name of the city of Sucre, one of the two capitals of Bolivia (La Paz is the other).

Después de un cuarto de hora, los dos, si-
110 guiendo el plano de La Paz, se dirigen al museo
al aire libre, que está delante del estadio de Miraflores. Se exhiben aquí algunas estatuas y cabezas preincaicas, que proceden de las ruinas de
Tiahuanaco, cerca del lago de Titicaca.

115 —Afortunadamente esta vez caminamos cuesta
abajo —dice Javier.

—Es verdad. Pero, ¿qué haremos al volver?

—¡Ánimo! Hay taxis.

—Espero que sí.

120 Susana y Javier llegan al sitio donde se encuentran los monolitos, bajo el nivel de la calle. Las
figuras parecen estar muy bien conservadas. Las
más interesantes son las que vigilaban la entrada
del Templo del Sol.

125 —Si tenemos tiempo, podemos visitar el sitio
original. ¿Qué dice la guía, Susana?

—Dice que Tiahuanaco fue el centro de la civilización aymará, que data del año 600 d. de C..
Dice que se sabe poco acerca de estos indios, que
130 tenían una civilización bastante avanzada.

Susana sigue leyendo hasta llegar a la siguiente
frase: «Tiahuanaco está a 86 kilómetros de La
Paz, y antes de emprender el viaje en auto hay
que tener en cuenta que la carretera está pavi-
135 mentada sólo en ciertas partes y en muchas
partes hay barrancos y baches muy profundos
. . .»

—Basta —dice Susana—. Yo creo que el viaje a
Tiahuanaco es muy difícil.

140 —Tienes razón. Basta con ver las réplicas aquí.
Ahora vamos a buscar un taxi para volver al centro de La Paz. Ahí viene uno.

—¿Adónde van, señores?

—Al centro de la ciudad, por favor, —contesta
145 Javier.

—Con mucho gusto. Pero, ¿quieren Uds. visitar la Luna primero?

---

siguiendo *following*

proceden *originate*

¡Ánimo! *Cheer up!*

el nivel *level*
conservadas
preserved
las que *those that*

d. de C. =
después de
Cristo *A.D.*
bastante *quite*

emprender *to
undertake*
tener en cuenta
bear in mind
el barranco *gully*
el bache *pothole*

basta *enough*

Basta con ver *It's
enough to see*

—¿La Luna? No somos astronautas —dice Susana.

150   —Pues, yo puedo llevarlos a la Luna, si desean.   llevarlos *(to) take*
      —Pero, ¿qué dice Ud.? ¿Está bromeando?   *you*
      —pregunta Javier.   bromeando *joking*

EJERCICIOS

A. Conteste con oraciones completas en español:

1. ¿Con quién se encuentra Susana al salir de la terminal del aeropuerto?
2. ¿Qué le da Javier a Susana?
3. ¿Por qué tienen que hacer las maletas?
4. ¿Por qué va Susana a necesitar su chompa en La Paz?
5. ¿Quién les habla de La Paz?
6. ¿Qué hacen los dos en La Paz el primer día?
7. Qué ven Javier y Susana al pasar cerca de la Iglesia de San
   Francisco?
8. ¿Qué representa la estatua de Ekeko?
9. ¿Por qué es difícil andar por La Paz?
10. ¿Qué se exhibe en el museo al aire libre?
11. ¿Por qué no quieren los dos ir a Tiahuanaco?

B. Complete cada oración con una palabra del capítulo:

1. No tengo nada que hacer; estoy muy _____ .
2. Un sinónimo de «el esposo» es el _____ .
3. Vamos al cine para ver una _____ .
4. En mi cumpleaños mis padres siempre me dan un buen
   _____ .
5. _____ el periódico, va a llover mañana.
6. Un sinónimo de «poner» es _____ .
7. Hay mucha gente en el restaurante. Por eso tenemos que
   _____ una mesa con otra pareja.
8. Mañana vamos a asistir a la _____ de Juan y Rosa, dos novios felices.
9. Con esa _____ en la cara, pareces estar muy contento.
10. La _____ está llena cada 28 ó 29 días.

C. **Todas las oraciones son falsas. Diga cada oración correctamente:**

1. Javier dice que Susana es una buena esposa.
2. «El Alto» es el aeropuerto de Lima.
3. La nieve está cubierta de Illimani.
4. En La Paz la gente rica vive en las montañas.
5. La estatua de Simón Bolívar está en la Plaza de San Francisco.
6. El novio indio lleva un bombín y un chal blanco.
7. Ekeko tiene la cara triste.
8. Susana y Javier andan cuesta abajo para llegar a la Plaza Murillo.
9. Las palomas no tienen comida para Susana y Javier.
10. Los monolitos están en el estadio de Miraflores.
11. La Paz fue el centro de la civilización aymará.
12. Tiahuanaco está a 80 millas de La Paz.
13. Javier y Susana van a regresar al centro de la ciudad en autobús.

D. **Modismos con verbos. Haga la oración en español según el modelo:**

1. We're taking pictures of the statue. Sacamos fotos de la estatua.
   I'm taking pictures of Ekeko.
2. The ground is covered with snow. La tierra está cubierta de nieve.
   The road is covered with stones.
3. She is approaching the house. Ella se acerca a la casa.
   They are approaching the mountain.
4. Who is feeding the cats? ¿Quién da de comer a los gatos?
   Javier is feeding the dog.
5. We are heading for the stadium. Nos dirigimos al estadio.
   She is heading for the city.
6. I hope so. Espero que sí.
   They hope not.
7. Who is right? ¿Quién tiene razón?
   I am right.

E. **Resumen. Complete cada frase para dar un resumen del capítulo:**

1. Javier va al _____ a _____ a Susana.
2. La _____ de Susana fue (*was*) _____ .

3. Mientras Susana estaba (*was*) en _____, Javier paseaba (*strolled*) por _____ y encontró (*found*) un _____ _____. _____ donde compró (*he bought*) una _____ de _____ para Susana.

4. Después los dos van a _____ las _____ para _____ a La Paz.

5. Como La Paz es una _____ muy alta, Susana va a necesitar su _____.

6. Para ir al _____ Susana y Javier toman un _____ con una _____ _____.

7. Ella les da información acerca de _____ _____ y les explica que los _____ viven en la parte alta de La Paz.

8. Durante su primer día en _____ _____ Javier y Susana _____ por la ciudad y llegan a la _____ de _____ _____, donde ven un _____ de _____ que asiste a una _____.

9. Cerca de la _____ está la famosa _____ de _____, el _____ de la _____ _____.

10. Para llegar a la Plaza Murillo, tienen que _____ _____ _____.

11. Cuando llegan a la plaza, tienen que _____ en un _____ para _____.

12. Hay muchas _____ en la plaza, pero Javier y Susana no tienen _____ que _____ de _____.

13. Luego van a ver las _____ y _____ _____ de las ruinas de _____.

14. Susana y Javier quieren _____ el _____ _____ pero la _____ dice que la carretera _____ mal _____.

15. Finalmente deciden _____ en _____ al centro de la _____.

16. El taxista les pregunta si _____ ir a la _____.

17. Javier y Susana creen que el taxista está _____.

F. (Optional) Translate into English the inscription on the statue of Ekeko on page 124.

G. (Optional) Imagine that you are the pilot of the plane taking Susana and Javier to La Paz. Complete his speech on arrival at El Alto Airport (Consult earlier chapters, if necessary).

CAPÍTULO DIECISÉIS

Vamos a la luna

NOTE TO STUDENTS: Starting with Chapter 16, the text will be mainly in the past tense. Up to this point, the meanings of most past tenses were given in the glosses on the right side of the page. Since you have probably learned the preterite and imperfect tenses by now, the meanings of these tenses will no longer be given in the glosses. These tenses will also appear in the exercises.

—No, señor. No estoy bromeando. Yo hablo del Valle de la Luna, un sitio cerca de La Paz, donde hay unas formaciones de rocas y cráteres que parecen ser un paisaje lunar. ¿Quieren ir allí?   un paisaje lunar *a lunar landscape*

5   —¿Qué crees, Susana? ¿Te interesa?

—¿Cuánto tiempo tarda el viaje, señor?

—Sólo media hora. Si Uds. quieren, los llevo allí, y luego regresaremos a La Paz.

Javier fijó un precio con el taxista y se pusieron
10 en marcha. Media hora después de pasar por varios barrios de La Paz, llegaron a una carretera sin pavimentar donde vieron unas formaciones de rocas volcánicas de color rojo y anaranjado que se parecían a los cráteres de la Luna.

15   —Ahora sé por qué llaman a este lugar el Valle de la Luna —dijo Javier.

—¿Quieren Uds. bajar del auto para sacar fotos?

—Excelente idea —contestó Javier—. Por favor,
20 vor, pare aquí delante de esa roca.

Javier y Susana sacaron varias fotos de las formaciones, que parecían aún más hermosas bajo   aún *even*
el cielo azul sin nubes.

—Ésta es una vista espectacular —exclamó Ja-
25 vier.

—Pero hay un gran problema: el aire polvo-   polvoriento *dusty*
riento —dijo Susana.

—Esto es causado por el viento y el movimiento de los automóviles sobre la carretera sin
30 pavimentar —explicó el taxista.

—Debemos irnos en seguida, porque yo soy
alérgica al polvo.

—De acuerdo. Pero, díganme, por favor, ¿valió la pena hacer la excursión?

35 —¡Oh!, claro —contestó Susana—. Todo era
magnífico, menos el polvo.   menos *except*

(De vuelta a La Paz.)

—Buenas tardes, señores Rivera —dijo el recepcionista del hotel—. Hay un recado para Uds.

—Gracias, señor. (A Susana.) —El señor Vega,
40 nuestro agente de viajes ha telefoneado.

—¿¡Ah!, sí? ¿Y qué dice?

—Dice que la excursión a Titicaca está arreglada para mañana a las siete de la mañana.

—¡Qué temprano!

45 —Lo sé, pero es un viaje muy largo que termina en Copacabana.

—Bueno, pues vamos a explorar la ciudad un poquito más esta tarde. ¿Qué sitio quieres ver?

—Quiero visitar el Mercado de las Brujas.   la bruja *witch*

50 —De acuerdo. Vamos a estudiar el plano de la ciudad. Tenemos que ir a la Plaza de San Francisco, donde empieza la calle Sagárnaga. Luego seguimos por la calle Sagárnaga hasta llegar a la calle Linares. Según el plano, el mercado debe
55 de estar allí mismo.   allí mismo *right there*

—Pues, vamos entonces.

Javier y Susana siguieron el plano, y al llegar al pie de la calle Sagárnaga, vieron que tenían que andar cuesta arriba.   cuesta arriba *uphill*

60 —¡Ay, otra vez cuesta arriba! —gritó Javier. No   No puedo más *I can't take it anymore*
puedo más. Voy a sufrir un ataque al corazón.

—¡Ánimo, sólo unos metros más!

Al fin Susana y Javier llegaron al Mercado de las Brujas, donde vieron un gran número de
65 puestos. Delante de cada puesto había una mujer vieja que vendía toda clase de artículos, especialmente hierbas, así como amuletos, piedras   la hierba *herb* / así como *as well as*
y pociones para la gente supersticiosa. Había diferentes hierbas que se usan para curar enfer-
70 medades: dolores de cabeza, resfriados, etc. Había amuletos para protegerse contra la falta de   la falta *lack*
comida, y otros para asegurar el trabajo y conservar buena salud.   asegurar *to insure*

—Susana, ¿quieres comprar alguna cosa?

75 —Sí, vamos a ver si hay un amuleto para protegerme contra los alumnos perezosos.

para protegerme *to protect myself*

—Y yo voy a buscar un amuleto contra las
cuestas escarpadas. Y ahora, vamos a sacar unas
fotos.

la cuesta escarpada *steep hill*

80 —Esa mujer, que parece ser una bruja, es muy
pintoresca. Vamos a sacarle una foto.

Mientras Susana sacaba la cámara de su bolso,
la vieja empezó a agitar las manos violenta-
mente.

el bolso *bag*

85 —Parece que esa mujer no quiere dejarse fotografiar —dijo Susana, guardando la cámara.

—Y si le sacamos una foto, nos va a hechizar.

—Pues, vamos a salir de aquí.

—¿Eres supersticiosa?

90 —No, pero no me gusta esa mujer.

no . . . fotografiar *won't let herself be photographed*
guardando *putting away*
nos va a hechizar *she'll cast a spell over us*

Susana y Javier dejaron el mercado y empezaron a bajar la calle en dirección a la Plaza de
San Francisco.

—Vamos a la agencia de viajes. Quiero conse-
95 guir más detalles acerca de nuestra excursión de
mañana a Titicaca.

conseguir *to obtain*

—La agencia de viajes está en la avenida 16 de
Julio, no muy lejos de aquí —dijo Javier.

(En la agencia de viajes.)

—Buenas tardes, señores. ¿En que puedo ser-
100 virles?

—Deseamos hablar con el señor Vega, por favor.

—De acuerdo. ¿Cómo se llaman Uds.?

—Javier Rivera y señora.

105 —¡Ah!, mucho gusto de conocerlos. Soy Lola
Gómez, la secretaria del señor Vega.

—Encantados.

—El señor Vega está hablando por teléfono en

Encantados. *Pleased to meet you.*

este momento. Dentro de poco terminará.
110 ¿Quieren tomar asiento?
 —Sí, gracias, señorita.

(Cinco minutos más tarde.)

 —Buenas tardes, señor. Buenas tardes, señora.
¿Cómo están?
 —Muy bien, gracias, señor Vega. ¿Y Ud.?
115 —Perfectamente bien. Y, ¿qué les parece La
Paz?
 —Nos gusta mucho, excepto las colinas.
 —¡Ah!, sí. Nosotros estamos acostumbrados
ya a estas colinas. Díganme, ¿en qué puedo ser-
120 virles?
 —Bueno, como mañana vamos a Titicaca
—dijo Javier—, deseamos saber algunos detalles
acerca del viaje.
 —¡Cómo no! A las siete de la mañana la seño-
125 rita Sánchez, una de nuestras guías turísticas, los
recogerá en su hotel. Desde su hotel Uds. irán
en coche a Puerto Pérez, donde tomarán la lancha que los llevará a la isla de Suriqui. En esta
isla se construyen las famosas «totoras». Es aquí
130 donde dos hermanos construyeron la famosa
balsa en que Thor Heyerdahl hizo su expedición
a través del océano Atlántico en 1970. Desde
Suriqui irán en lancha hasta el estrecho de Tiquina. Allí la guía los recogerá en un auto para
135 llevarlos a Copacabana. La señorita Sánchez les
dará más información durante la excursión.
 —Parece ser una excursión muy larga —dijo Javier.
 —Lo es, pero será muy interesante para Uds.
140 —Muchas gracias por la información, señor
Vega. Ud. ha sido muy amable.
 —De nada, señores. ¡Que descansen bien!
 —¿Por qué? —preguntaron los dos.
 —Porque . . .

¿Quieren tomar asiento? *Will you have a seat?*

¿qué les parece . . . ? *how do you like . . . ?*

la lanche *launch*

la totora *reed boat*

la balsa *raft*
a través de *across*

¡Que descansen bien! *May you rest well!*

EJERCICIOS

A. Conteste con oraciones completas:

1. ¿Qué lugar cerca de La Paz parece ser un paisaje lunar?
2. ¿Para qué bajaron del auto Javier y Susana?
3. ¿Cuál es la causa del aire polvoriento del Valle de la Luna?
4. ¿Quién telefoneó a Javier y Susana?
5. ¿Por qué estudiaron Susana y Javier el plano de La Paz?
6. ¿Qué vieron Susana y Javier al llegar al Mercado de las Brujas?
7. ¿Para qué se usan las hierbas?
8. ¿Por qué no pudo Susana sacar una foto de la vieja?
9. ¿Adónde fueron los dos después de dejar el Mercado de las Brujas?
10. ¿Por qué no podía el señor Vega hablar en seguida con Javier y Susana?
11. ¿Qué querían saber Javier y Susana?
12. ¿Cuál era el destino final de la excursión a Titicaca?

B. Cierto o falso. Si la oración es cierta, diga «cierto». Si es falsa, diga la oración correctamente:

1. Susana y Javier llevaron al taxista al Valle de la Luna.
2. Javier es alérgico al polvo.
3. El señor Vega les dio un recado telefónico a Javier y Susana.
4. Susana quería visitar el Mercado de las Brujas.
5. A Javier no le gusta caminar cuesta arriba.
6. En el Mercado de las Brujas había varios hombres viejos que vendían artículos.
7. Javier quería comprar un amuleto para protegerse contra los alumnos perezosos.
8. Susana creía que la vieja no era muy simpática.
9. La secretaria de la agencia de viajes era la señorita Vega.
10. A Susana y Javier les gustaban todos los aspectos de La Paz.
11. La señorita Sánchez será la guía de Susana y Javier en el viaje a Titicaca.
12. En 1970 Javier Rivera cruzó el Atlántico en balsa.

C. Vocabulario. Complete cada oración con una palabra del capítulo:

1. ¿Cuál es el _____ de este artículo? Parece que cuesta mucho.
2. Vivo en un _____ muy moderno de mi ciudad.

3. Hay muchas _____ en el cielo. Parece que va a llover.
4. _____ el plano de la ciudad, el teatro no está muy lejos de aquí.
5. Voy a tener un ataque al _____ si el profesor nos da un examen.
6. Mi abuelo no está enfermo; tiene buena _____ .
7. Pedro no estudia nunca; él es muy _____ .
8. Un sinónimo de «el viaje» es la _____ .

D. **Resumen. Here is a summary of Susana and Javier's activities in La Paz. It is in the form of a telegram to a friend in New York City. Rewrite the telegram in full sentences. Remember to conjugate verbs, have adjectives agree with their nouns or pronouns, and add words where needed. An example is given for the first one. Use present or past as your teacher directs:**

1. ir/ver/Valle/Luna
   Fuimos a ver el Valle de la Luna.
2. ir/taxi/llegar/media hora
3. bajar/auto/sacar/fotos
4. no poder/quedarse/Susana/alérgico/polvo
5. llegar/hotel/recibir/recado/señor Vega
6. deber/ir/Titicaca/mañana/siguiente
7. visitar/Mercado/Brujas/estudiar/plano
8. tener que/andar/cuesta arriba/llegar/mercado
9. mercado/vender/artículos/gente/supersticioso
10. querer/sacar fotos/vieja/no poder/agitar manos
11. ir/agencia/obtener/detalles/Titicaca
12. señor Vega/dar/información/viaje
13. dar gracias/señor Vega/información.

E. **Diálogo original. Imagine that you and a friend are in La Paz, Bolivia, and hail a taxi to take you to the Mercado de las Brujas. Construct a dialog in Spanish of at least six lines in which you and the taxi driver make an agreement for the trip. Make use of vocabulary and idioms you have learned so far.**

F. Without looking at the beginning of the next chapter, try to guess what Señor Vega tells Susana and Javier, beginning with "Porque . . ."

G. Can you suggest an alternate title for this chapter? Extra credit may be given to the best titles voted by the class.

CAPÍTULO DIECISIETE

¡¿*Cómo vamos a cruzar el lago?!*

—Porque la excursión a Titicaca es muy larga: tarda todo el día, y volverán a La Paz por la noche.

(Al día siguiente.)

La señorita Sánchez llegó a las siete en punto
5 de la mañana, y encontró a Susana y Javier esperándola a la entrada del hotel.

—Buenos días, señores. Soy Rosario Sánchez, su guía, y éste es Pablo Guerra, el chofer. Por favor, llámenme Charo.

10 —Buenos días. Estamos listos para hacer la excursión —dijo Javier.

—Uds. ya tienen una descripción de nuestro itinerario, ¿verdad?

—Sí —contestó Susana—. Primero a Puerto
15 Pérez, luego a la isla de Suriqui, después al estrecho de Tiquina y finalmente a Copacabana.

—Exactamente. Ahora vamos a empezar nuestro viaje.

Durante el viaje, Charo daba información
20 acerca del lago Titicaca:

«Titicaca, el lago sagrado de los incas, está situado entre el Perú y Bolivia a una altura de

sagrado *sacred*

137

3.825 metros sobre el nivel del mar. Tiene 176 kilómetros de largo y 64 kilómetros de ancho.

de largo *long*
de ancho *wide*

25 Las islas más conocidas de este lago son las islas del Sol y de la Luna. Según una leyenda, en la Isla del Sol el Dios Sol creó a Manco Cápac, el primer inca, y a Mamá Ocllo, su mujer-hermana. El Rey Sol mandó a los dos a la Tierra con

crear *to create*

30 una vara de oro. Manco Cápac y Ocllo comenzaron a buscar un lugar con tierra fértil donde hincar la vara. Por fin llegaron al cerro de Huanacauti, en el Valle Fértil de Cuzco, donde la vara de oro se hundió fácilmente en la tierra. Los in-

la vara *stick, wand*

hincar *to drive (in)*
el cerro *hill*

35 cas fundaron su imperio en este lugar, y fue a lo largo de las orillas de este lago que las culturas prehispánicas desarrollaron sus avanzadas civilizaciones.»

se hundió *sank*
a lo largo de *along*

Cuando Pablo, Charo, Susana y Javier llega-

40 ron a Puerto Pérez, la lancha ya estaba allí esperándolos. Esa lancha tenía un motor fuera de borda y cabida para unas diez personas y en ella ya se encontraban otros turistas. El piloto parecía ser de origen indio. Susana y Javier montaron

fuera de borda
outboard
cabida *room, space,
capacity*

45 en la lancha. Charo y Pablo se quedaron en tierra y fueron en auto hasta el estrecho de Tiquina.

—¡Qué frío hace aquí sobre el agua!

—Recuerde Ud., señora, —dijo el piloto— que

50 aquí en el lago estamos a mucha altitud.

—El lago parece ser un océano. No se ve la otra orilla.

—Sí, es muy ancho. Pero pronto veremos las orillas de la isla de Suriqui.

55 En la isla de Suriqui, Javier y Susana vieron cómo los habitantes construyen las «totoras». En una tiendecita compraron una pequeña réplica de una totora.

la totora *reed boat*
la tiendecita *small
store*

Otra vez el grupo de turistas cruzó el lago para

60 ir al estrecho de Tiquina, donde Susana y Javier iban a encontrarse con Charo y Pablo.

iban *were going*

—Hola, amigos. ¿Les gustó la isla de Suriqui?

—Sí, muchísimo —contestó Javier—. Mire lo que compramos allí.

65 —¡Ah!, una totora. Es una réplica muy buena.

El auto llegó a la orilla del lago, donde tenían que esperar su turno para tomar la barca. Como las barcas eran tan pequeñas y sólo tenían cabida para dos o tres autos, el grupo tuvo que esperar 70 un rato.

—El estrecho de Tiquina divide el lago pequeño del lago grande —explicaba Charo—. Y noten que la barca es dirigida por los indios. ¡Ah!, ahora llega nuestro turno.

75 La travesía no tardó mucho tiempo. A veces parecía un poco peligrosa. Sin embargo, llegaron a la otra orilla sanos y salvos.

—Y ahora a Copacabana —dijo Charo.

—¿Cuánto dista Copacabana de aquí?

80 —Unos 48 kilómetros. Pero vamos a tardar mucho tiempo, debido a que la carretera es estrecha y está sin pavimentar.

—¡Ay, no! ¡Otra vez!

—¿Qué pasa, señora?

85 —No puedo aguantar las carreteras sin pavimentar. Soy alérgica al polvo.

—No se preocupe. No abriremos las ventanillas.

El viaje era muy pintoresco, pero la carretera 90 era sinuosa. Pasaron por unos paisajes andinos muy imponentes.

—Si Uds. miran para abajo —dijo Charo—, verán la famosa Isla del Sol. Y más allá veremos la Isla de la Luna. Por desgracia no podremos 95 visitar estas dos islas por falta de tiempo. Hay que empezar ese viaje a las cinco de la mañana.

—¡Qué lástima! —exclamó Susana—. Quizás en otra ocasión.

Por fin el grupo llegó a Copacabana, donde

lo que *what*
compramos *we bought*

la barca *ferry, barge*

dirigida *steered*

la travesía *the crossing*

sanos y salvos *safe and sound*

¿Cuánto dista . . . ? *How far is . . . ?*
debido a que *because*

aguantar *to stand, endure*

la ventanilla *window (of a vehicle)*

sinuoso *winding*
paisajes andinos *Andean landscapes*
imponente *breathtaking*
más allá *further on*

100 tenía reservaciones para almorzar en uno de los
hoteles.

—Uds. sin duda querrán pasear por el pueblo
después del almuerzo —dijo Charo—. Es muy
pintoresco, y está situado a orillas de una bahía
105 muy bonita y muy cerca de la frontera con el
Perú. ¿Por qué no visitan la Catedral, que contiene la famosa estatua de la Virgen Morena? Este
santuario atrae a muchos peregrinos que
vienen de todas partes.

110 —Vamos a caminar por el pueblo —dijo
Javier—. Creo que nos gustará mucho.

—La gente parece ser muy alegre. Aquí no
tienen los problemas de las ciudades grandes.

—¡Qué hermoso es este parque! Mira los ár-
115 boles. Cada uno tiene la forma de un animal.
Ése se parece a un perro.

a orillas de *on the
shores of*
la bahía *bay*

el santuario *shrine*

de todas partes
from all over

—Y ése se parece a una paloma. Casi todos los edificios son blancos y muy limpios.

la paloma *dove*

Después de visitar la Catedral y ver la famosa
120 estatua de la Virgen Morena, los dos volvieron al auto para encontrarse con Charo y Pablo.

—¿Les ha gustado su visita a Copacabana? —les preguntó Pablo.

—Nos ha gustado muchísimo. El viaje valió la
125 pena, a pesar de ser largo —contestó Javier.

a pesar de *in spite of*

—Y ahora empezamos el largo recorrido hacia La Paz —dijo Charo.

el recorrido *trip*

El viaje de vuelta ofrecía unas vistas muy interesantes de los Andes. En varios sitios se veían
130 llamas llevando las cargas de los indios.

la vista *view*

la carga *load*

—¿Quieren Uds. fotografiarse con una llama? —preguntó Charo.

fotografiarse *to have one's picture taken*

—¡Qué buena idea! Vamos a parar el auto aquí al lado del camino. Esa llama parece ser muy
135 amistosa y mansa. ¿Verdad, Javier?

amistoso *friendly*
manso *tame, gentle*

—Sí. Y parece que quiere fotografiarse con nosotros.

—Colóquense uno a cada lado de la llama . . . Perfecto. ¡Sonrían! (clic)

Colóquense *Place yourselves*
¡Sonrían! *Smile!*

140 —¡Qué llama más simpática! —exclamó Susana mientras acariciaba al animal—. ¡Y qué sucia!

acariciar *to pet, caress*

Todos se rieron al oír a Susana. El grupo luego siguió su camino y por fin llegó a orillas del es-
145 trecho de Tiquina para tomar la barca.

—¡Vaya una fila de autos! —exclamó Pablo. No sé lo que pasa. La barca deja de circular al anochecer. Si no tomamos la barca pronto, tendremos que pasar la noche aquí.

¡Vaya una fila . . . ! *What a line . . . !*
deja de circular *stops running*
al anochecer *at nightfall*

150 —Pero, ¿es posible? —gritaron Javier y Susana.

—Es muy posible, y además, en este pueblo no hay .

además *besides, furthermore*

EJERCICIOS

A. Conteste en español con oraciones completas:

1. ¿Por qué tenían que descansar Javier y Susana?
2. ¿Dónde esperaban Susana y Javier a su guía?
3. ¿Cómo se llamaba la guía?
4. ¿Quién era Pablo Guerra?
5. ¿Dónde está situado el lago Titicaca?
6. ¿Qué ocurrió en la Isla del Sol?
7. ¿Dónde se fundó el imperio de los incas?
8. ¿Cómo fueron Javier y Susana desde Puerto Pérez a la isla de Suriqui?
9. ¿Qué compraron en la tiendecita de Suriqui?
10. ¿Dónde se encontraron Javier y Susana otra vez con Charo y Pablo?
11. ¿Cómo cruzaron el estrecho de Tiquina?
12. ¿Por qué es tan largo el viaje a Copacabana?
13. ¿Por qué no era posible visitar las islas de la Luna y del Sol?
14. ¿Dónde comieron en Copacabana?
15. ¿Por qué es famosa la Catedral de Copacabana?
16. ¿Qué había en el parque?
17. ¿Qué hicieron Susana y Javier en el viaje de vuelta a La Paz?
18. ¿Dónde se toma la barca?
19. ¿Por qué estaba preocupado Pablo al llegar al estrecho de Tiquina?

B. Vocabulario. Complete cada oración con una palabra del capítulo:

1. El hombre que conduce el auto es el _____ .
2. Quiero saber todos los _____ de mi viaje a Sudamérica.
3. Esas personas son muy _____ .
4. ¿Cómo se puede cruzar de una _____ del río a la otra?
5. El antónimo de «estrecho» es _____ .
6. ¡Cuidado al _____ la calle! Hay muchos autos.
7. Esta carretera es muy _____ porque tiene muchas curvas.
8. Esta excursión va a _____ cuatro horas.
9. Un sinónimo de «el camino» es la _____ .
10. Un sinónimo de «andar» es _____ .

11. Vivimos en un _____ de veinte pisos.
12. Desde la montaña hay una _____ espectacular.
13. Hijo mío, tu cuarto está muy _____; tienes que limpiarlo.
14. Las películas cómicas nos hacen _____ mucho.

C. Modismos con verbos. Haga la oración en español según el modelo:

1. We're going to meet our friends in Copacabana. Vamos a encontrarnos con nuestros amigos en Copacabana.
   I'm going to meet my parents at Puerto Pérez.
2. My brother resembles my mother. Mi hermano se parece a mi madre.
   My sister resembles by father.
3. Was it worthwhile to take the trip? ¿Valió la pena hacer el viaje?
   It was not worthwhile to visit the city.
4. The island was seen from the mountain. Desde la montaña se veía la isla.
   The road was seen from the river.
5. Stop reading now, students. Dejen de leer ahora, alumnos.
   Stop talking now, Alberto.

D. Modismos sin verbos. Complete cada oración con un modismo de la lista:

en punto	qué lástima	a pesar de
sin embargo	por fin	al lado de
por desgracia	sin duda	a orillas de
por falta de		

1. _____ mi escuela hay un estadio grande.
2. Hay que llegar a las ocho _____.
3. _____ comida, el pobre perro murió.
4. No hay examen mañana; _____ tienen que estudiar.
5. _____ esa persona es muy rica.
6. _____ la bahía hay un bonito pueblo.
7. ¿Tu abuelo está enfermo? ¡_____!
8. ¡Ah!, _____ llegamos a nuestro destino.
9. _____ su dinero, no es una persona simpática.
10. _____ no podemos ir al cine esta tarde, porque tenemos que estudiar para un examen.

E. Metric to American system. With the help of your mathematics teacher or some other source, convert the distances given in the chapter to the American system.

F. Again, guess what follows the last line of the chapter. What do you think follows the word "hay"? Write the word or words you think follow. Then write the reactions of Susana and Javier to Pablo's words. (Remember not to look at the beginning of the next chapter!)

G. Resumen del capítulo: At your teacher's direction, write a summary of this chapter.

CAPÍTULO DIECIOCHO

Más oro

. . . no hay hoteles.

—¡Qué horror! —exclamaron Susana y Javier al mismo tiempo.

En ese momento los autos empezaron a cir-
5 cular otra vez.

—Parece que un auto tenía una avería y no dejaba pasar a los otros —dijo Pablo

—Ya no hay ningún problema. Pronto llegará
nuestro turno y estaremos a la orilla del lago.

10 Tuvieron que esperar 45 minutos. Pero al fin
les llegó el turno, y pronto se encontraron sobre
la barca cruzando el lago.

—¡Qué suerte de estar ya en una barca! —dijo
Charo—. Se está haciendo de noche y pronto
15 las barcas dejarán de circular. Y ahora, a La
Paz.

—¡Por fin! —gritaron Susana y Javier.

(Tres horas más tarde.)

—Adiós, Charo. Adiós, Pablo. Gracias por la
excursión —dijo Susana.
20 —Y gracias por toda la información —añadió
Javier.

—Hasta su próxima visita a La Paz —exclamó
Charo.

—¡Sólo cuando haya carreteras pavimentadas!
25 —añadió Pablo.

Glosses (right margin):

tenía una avería *broke down*

no dejaba . . . otros *it didn't let the others pass*

Se . . . noche *It's getting dark*

dejarán de circular *will stop running*

cuando haya *when there are*

(En la habitación del hotel.)

—¡Qué viaje más emocionante! ¿Verdad, Javier? ¿Javier? ¿Javier?

—zzzzzz.

—Pobre Javier. Se ha dormido ya. Y yo . . .
30 zzzzzz.

Se . . . ya. He's already fallen asleep.

(A la mañana siguiente.)

—Javier, ¿qué hora es?

—¡Dios mío! Son las once de la mañana. Hoy partimos para Bogotá. Vamos a hacer nuestras maletas en seguida. ¿A qué hora sale el avión?

35 —Déjame ver los billetes. ¡Ah!, aquí están. El avión sale a las tres de la tarde. Tenemos que darnos prisa, ¿eh?

Déjame Let me

darse prisa to hurry

Después de tomar un desayuno ligero (café y panecillos), Susana y Javier se prepararon para su
40 próximo destino: Bogotá, Colombia.

(Algunas horas más tarde.)

—Atención, señores pasajeros. Dentro de diez minutos vamos a aterrizar en el aeropuerto de El Dorado. Favor de abrocharse los cinturones y de no fumar. Bogotá les da la bienvenida a todos.

les . . . a todos welcomes you all

(En el hotel.)

45 —Javier, como nuestro tiempo en Bogotá está limitado, tenemos que planear los días con mucho cuidado.

—Bien, primero tenemos que orientarnos. La guía dice que hay tres tipos de calles aquí en Bo-
50 gotá: las carreras, que son las principales, van del norte al sur; las calles, que van del oeste al este; y las avenidas, que van diagonalmente. La carrera principal es la Séptima.

orientarse to get one's bearings

—Si no vemos otra cosa, tenemos que visitar
55 el Museo del Oro y compararlo con el Museo del Oro de Lima.

otra cosa anything else

—De acuerdo. Mañana visitaremos el Museo del Oro.

—Y el segundo lugar que debemos visitar es
60 Zipaquirá, que está a unos 56 kilómetros de Bogotá.

—¡Ah!, sí, Zipaquirá. Pasado mañana la visitaremos.

Como Javier y Susana son grandes paseadores
65 (ya lo sabemos), caminaron por la ciudad empezando su paseo en la Plaza de Bolívar, donde se reúnen muchos bogotanos. Alrededor de esta

pasado mañana
*day after
tomorrow*
el paseador *walker;
person fond of
walking*
se reúnen *get
together*
el bogotano
*inhabitant of
Bogotá*

plaza hay unos edificios que tienen más de 200
años.

70 —Aquí está la estatua de Simón Bolívar. Hay
estatuas de Bolívar en muchas ciudades —dijo
Javier.

—Recuerda que Bolívar fue el libertador de
varios países y también fue el primer presidente
75 de Colombia.

—Vamos a caminar por la carrera Séptima. Se
dice que contiene las tiendas más importantes.

—Esta ciudad tiene grandes contrastes: grandes
rascacielos y mucha pobreza.

80 —Es una vergüenza, pero esto ocurre en muchas ciudades grandes del mundo.

el (los) rascacielos
  skyscraper(s)
la vergüenza
  shame, disgrace

(A la mañana siguiente.)

—Levántate, Javier. Hoy vamos al Museo del
Oro.

—¡Ah!, vamos a desayunar pronto y luego
85 iremos directamente al museo.

Susana y Javier llegaron al museo, donde encontraron una magnífica colección de gemas,
joyas y artefactos. Les gustaban sobre todo las
esmeraldas. Lo más asombroso ocurrió cuando
90 Javier, Susana y otros visitantes fueron invitados
a entrar a un cuarto oscuro. La puerta se cerró
y de repente las luces empezaron a encenderse
muy lentamente.

sobre todo
  especially
lo más asombroso
  *the most
  astonishing thing*

de repente
  suddenly
encenderse *to
  turn on*
rodeado de
  surrounded by

—Mira, Javier; estamos rodeados de oro. ¡Qué
95 maravilla!

—Y no podemos tocar ni tomar nada. ¡Qué
lástima!

—Antes de salir del museo, Susana y Javier
compraron un cartel muy bonito que describía
100 las culturas precolombinas. La inscripción decía:

el cartel *poster*

precolombino
  Precolumbian

Después de que Colón descubrió América en
1492, muchos españoles decidieron venir en

busca del oro. En estos años de la conquista
miles de indígenas murieron y gran cantidad
105 de piezas de oro fueron convertidas en lin-
gotes y transportadas a Europa.

Las figuras que pueden verse en el Museo
del Oro se salvaron gracias a que estaban enterradas junto con sus dueños.

110 Los mismos españoles que llegaron, lograron dominar a los indígenas, se mezclaban
con ellos, y de este mestizaje venimos nosotros, los colombianos de hoy.

—No sé cuál me gusta más —dijo Javier— el
115 Museo del Oro de Lima o el Museo del Oro de
Bogotá.
—Creo que aunque el Museo de Lima es más
grande, los dos son magníficos.
—Tienes razón. Y, mañana, a la mina. Del oro
120 a la sal.

indígenas *natives*
la cantidad *quantity*

pueden verse *can be seen*
se salvaron *were saved*
que estaban enterradas *their being buried*
lograron *succeeded in*
se mezclaban *mixed*
el mestizaje *mixture*

del oro a la sal *from gold to salt*

EJERCICIOS

A. Conteste cada pregunta con una oración completa:

1. ¿Por qué tenían que esperar a la orilla del lago?
2. ¿Cómo cruzó el grupo el lago?
3. ¿Cuánto tiempo duró el viaje entre la otra orilla del lago y La Paz?
4. ¿Qué hicieron Susana y Javier después de volver a su hotel?
5. ¿A qué hora se levantaron los dos para ir a Bogotá?
6. ¿Cómo se llama el aeropuerto de Bogotá?
7. ¿Qué consultaron Javier y Susana para orientarse en Bogotá?
8. ¿Por qué querían visitar el Museo del Oro de Bogotá?
9. ¿Dónde se reúnen muchos habitantes de Bogotá?
10. ¿Quién fue el primer presidente de Colombia?
11. ¿Cuál es la calle más importante de Bogotá?
12. ¿Qué pasó cuando Susana y Javier entraron al cuarto oscuro del museo?

13. ¿Qué compraron en el museo?
14. ¿Qué ocurrió en 1492?
15. ¿Qué enviaron a Europa los conquistadores?

B. **Todas ciertas. Now it is your turn to get back at the authors. Each of the following statements is true according to the chapter. Rewrite each statement making it false. Extra credit may be given for the most far-fetched statements:**

1. A la orilla del lago el grupo tenía que esperar tres cuartos de hora.
2. Las barcas circulan sólo de día.
3. Susana y Javier se durmieron en la habitación de su hotel.
4. Javier y Susana tenían que hacer sus maletas para ir a Bogotá.
5. Antes de aterrizar, los pasajeros del avión tienen que abrocharse los cinturones y dejar de fumar.
6. Javier y Susana visitaron el Museo del Oro de Bogotá.
7. Bolívar liberó algunos países de Sudamérica.
8. En el Museo del Oro se prohíbe tocar los objetos de oro.
9. Muchos indios perdieron la vida durante la conquista de Sudamérica por los españoles.
10. Javier no sabía cuál museo le gustaba más.

C. **Modismos con verbos. Haga cada oración en español según el modelo:**

1. It's getting dark. Se hace de noche.
   It got dark (pretérito).
2. They finally stopped smoking. Por fin dejaron de fumar.
   I finally stopped eating.
3. Did they pack their suitcases? ¿Hicieron sus maletas?
   Did she pack her suitcase?
4. He hurried to get home early. Se dio prisa para llegar a casa temprano.
   We hurried to arrive at the museum.
5. They did not succeed in seeing the museum. No lograron ver el museo.
   I did not succeed in going to the movies.

D. Modismos sin verbos. Complete la oración con un modismo de la lista:

ya no	alrededor de
gracias por	de repente
con mucho cuidado	en busca de
pasado mañana	

1. _____ mi casa hay un jardín enorme.
2. Si hoy es lunes, _____ es miércoles.
3. _____ tu ayuda.
4. _____ empezó a llover.
5. _____ voy a prestarte dinero.
6. Los españoles fueron al Nuevo mundo _____ oro.
7. Debes hacer tus tareas _____ .

E. Resumen. Oops! The authors' word processor has gone haywire again. Can you rearrange the words of each sentence to make sense? The result will be a summary of the chapter:

1. avería una tenía auto un porque Titicaca lago el cruzar podían no
2. por pudieron el en barca fin cruzar lago la
3. llegar al Susana Javier adiós Pablo Charo al a hotel y dijeron a y
4. seguida durmieron habitación a cuando en se su entraron
5. levantaron se y tarde un tomaron ligero desayuno
6. con cuidado los días que planear Bogotá tuvieron llegaron a cuando
7. calles lugares por caminaron interesantes unos vieron y las
8. siguiente día al Museo el visitaron donde Oro del gemas hermosas vieron oro de objetos y
9. cartel con un una compraron interesante allí inscripción
10. museos dos los entre diferencias las hablaron de luego

F. Cambio de tiempo. Since the last chapters of this text are written primarily in the past tenses, let's review the present tense. Change the following passage to the present tense:

Susana y Javier llegaron al museo, donde encontraron una magnífica colección de gemas, joyas y artefactos. Les gustaban sobre todo las esmeraldas. Lo más asombroso ocurrió cuando Javier, Susana y otros visitantes fueron invitados a entrar a un cuarto oscuro. La puerta se cerró y de repente las luces empezaron a encenderse muy lentamente.

CAPÍTULO DIECINUEVE

¿Cómo podemos salir de aquí?

—Y, ¿cómo iremos a Zipaquirá?

—Le preguntaremos al recepcionista del hotel.

(De vuelta al hotel.)

—Buenas tardes, señores. ¿Les gusta nuestra
5 ciudad?

—¡Oh!, por supuesto —le contestó Javier—.
Nos gustó especialmente el Museo del Oro.

—¡Ah!, los bogotanos estamos muy orgullosos
de nuestros museos. ¿Qué más han visto Uds.?

10 —No hemos tenido mucho tiempo para ver
otros sitios. Mañana quisiéramos visitar Zipaquirá. ¿Qué nos recomienda Ud.?

—Pues, hay varias opciones. Hay excursiones
con guías. También hay autobuses públicos. O,
15 si Uds. prefieren, pueden ir en taxi particular. El
viaje en autobús es muy pintoresco, pero el autobús los lleva sólo al pueblo de Zipaquirá.
Desde el pueblo tendrán que andar cuesta arriba
para llegar a la mina

20 —¡Basta! —gritó Javier—. Tomaremos un taxi.

—Pero, ¿qué pasa, señor?

—Disculpe, no puedo soportar ni una colina
más.

los bogotanos
estamos *we
inhabitants of
Bogotá are*
¿qué más? *What
else?*
quisiéramos *we
would like*

particular *private*

Disculpe *Excuse me*
soportar *to stand,
endure*
ni una colina
más *not even one
more hill*

—¡Ah!, comprendo. Entonces yo llamaré a un
25 taxista que es de confianza. ¿A qué hora querrán   **de confianza**
Uds. salir mañana?   *trustworthy*

—Como a las diez.

—De acuerdo. El taxista estará aquí mañana
para recogerlos.

30 —Muchas gracias. Es Ud. muy amable.

—De nada, señores. Es un placer.

(A la mañana siguiente.)

—Buenos días, señores. Soy Alfonso Fernández y éste es mi hijo.

—¿Cómo te llamas? —preguntó Susana.

35 —Me llamo Paquito y tengo cinco años.

—Ya eres un hombrecito.   **hombrecito** *little*

—Sí, señora. Yo voy a ser su guía hoy.   *man*

—¡Qué maravilloso! —exclamó Javier—.
Entonces, señor guía, ¿cuánto dista de aquí
40 Zipaquirá?

—Está muy lejos. Mil kilómetros.

—¿Cómo? ¿Mil kilómetros?   **¿Cómo?** *What?*

—Sí. Diles, papá. ¿No es verdad?   **Diles** *Tell them*

—Perdonen a mi hijo, señores. Él no sabe los
45 datos correctos. Está a unos 56 kilómetros de   **los datos** *data,*
aquí. Tardaremos una hora en llegar.   *information*

Durante el viaje a Zipaquirá Javier y Susana
conversaban con Paquito, que era un niño muy
simpático.

50 —¿Uds. tienen niños? —les preguntó Paquito.

—Sí, tenemos miles de niños.

—¡Miles de niños! No es posible. Mis padres
sólo tienen cuatro niños.

—Papá, yo no comprendo esto.

55 —La señora quiere decir que los maestros   **quiere decir** *means*
siempre tienen niños en sus clases. Y cada año
hay nuevos niños. Pero, no son sus hijos verdaderos, son sus alumnos. ¿Entiendes?

—Creo que sí, papá.

60   Al llegar a las minas, Javier y Susana sacaron dos entradas y luego se encontraron con una señorita que les ofreció sus servicios de guía.

sacar entradas *to buy tickets*

—Me llamo Mercedes Torres. Encantada de conocerlos a Uds. Mientras entramos a la mina, 65 les daré unos datos acerca de Zipaquirá.

«Este sitio fue originalmente una mina de sal explotada por los indios chibchas,[1] quienes se

explotada *exploited*

[1] **los indios chibchas:** The Chibchas were an Indian group in Colombia with an advanced civilization.

servían de este tesoro para dominar a las tribus
vecinas. Se dice que esta mina podría dar sal al
70 mundo entero durante cien años. La idea de
construir una catedral dentro de la mina fue de
unos mineros. En 1950 se inició el proyecto, que
tardó cuatro años en terminarse. El recorrido
desde la entrada hasta la puerta de la Catedral es
75 de 480 metros. Hasta 1975 se permitía la entrada de autos. Se entraba por la puerta de abajo
y se salía por un túnel. Esto se prohibió finalmente porque las vibraciones, los gases y el peso
de los autos estaba afectando la estructura. Hoy
80 sólo se puede visitar el lugar a pie.»

Mientras los tres pasaban por la mina, veían
las formaciones de estalagmitas y estalactitas y los
altares de la Catedral.

—Estos altares —explicó Mercedes— están
85 tallados en las rocas de sal. El altar mayor pesa
16 mil toneladas.

—¿Cuál es la capacidad de la Catedral? —preguntó Javier.

—En un momento dado entre ocho y diez mil
90 fieles pueden rezar aquí en la Catedral.

—¡Qué enorme es! —exclamaron Javier y Susana a la vez.

—¡Claro! Y si Uds. quieren pasear por la
Catedral para ver las formaciones, verán una ma-
95 ravilla. Algunas formaciones son naturales, otras
están hechas por la mano del hombre. Pero,
vuelvan a este mismo sitio dentro de diez minutos, porque la mina va a cerrarse dentro de
poco.

100 Javier y Susana pasearon por la Catedral, pero
después de diez minutos se perdieron y no pudieron encontrar el sendero que conducía al lugar donde estaba Mercedes.

—Javier, creo que estamos perdidos. ¿Qué va-
105 mos a hacer?

---

se servían de *made use of*
podría *could*

se inició *was begun*
tardó . . .
terminarse *took four years to finish*
el recorrido *distance covered*
se entraba *one entered*
se salía *one went out*
el peso *weight*
estaba afectando *was affecting*

tallado *carved*
mayor *main*
la tonelada *ton*

en . . . dado *at a given moment*
los fieles *worshippers*
rezar *to pray*
a la vez *at the same time*

hechas . . .
hombre *man-made*
va a cerrarse *will close*

se perdieron *they got lost*
el sendero *path*

—No sé. ¡Y la mina va a cerrarse pronto!

En ese momento se oyó un timbre que indi-   el timbre *bell*
caba que la mina se estaba cerrando. Las luces   se . . . cerrando
comenzaron a apagarse.   *was closing*
      apagarse *to go out*
110   —¡Mercedes, Mercedes! ¿Dónde está Ud.?
—gritaron los dos.

EJERCICIOS

A. Conteste cada pregunta con una oración completa en español:

1. ¿De qué están orgullosos los bogotanos?
2. ¿En qué decidieron ir Susana y Javier a Zipaquirá? ¿Por qué?
3. ¿Cuál es la distancia entre Bogotá y Zipaquirá?
4. ¿Quién era Mercedes Torres?
5. ¿Quiénes tuvieron la idea de construir la Catedral dentro de la mina?
6. ¿Por qué ya no pueden los autos entrar a la Catedral?
7. ¿Cuántas personas pueden caber en la catedral en un momento dado?
8. ¿Cuánto tiempo tenían Javier y Susana para andar por la Catedral? ¿Por qué?
9. ¿Cómo sabían que la mina se estaba cerrando?

B. Todas las oraciones son falsas. Diga cada oración correctamente:

1. A Susana y Javier les gustaba el Museo de la Plata.
2. El autobús iba directamente a la mina.
3. El taxi vino a recogerlos a los dos a las diez de la noche.
4. Paquito Fernández era el padre de Alfonso.
5. El chico les dijo a Javier y Susana que su padre tenía mil hijos.
6. Susana y Javier iban a guiar a Mercedes por la Catedral.
7. La mina tiene suficiente sal para darle a Colombia durante cien años.
8. En 1950 se prohibió la entrada de autos a la mina.
9. Las rocas de sal están talladas en los altares de la Catedral.
10. Mercedes se perdió en la mina y llamó a Javier y Susana.

C. **Vocabulario. Complete cada oración con una palabra del capítulo:**

1. Los padres siempre están muy _____ cuando sus hijos sacan buenas notas en la escuela.
2. Mi ciudad es muy pequeña; es casi un _____ .
3. En esa ciudad hay muchas _____; hay que subir y bajar siempre.
4. No quiero andar cuesta arriba. Vamos en _____ .
5. Necesitamos un _____ para ir por la mina y obtener información.
6. Este billete de diez dólares no es _____; es falso.
7. Los hombres que trabajan en una mina son _____ .
8. En un kilómetro hay mil _____ .
9. En una _____ hay dos mil libras.
10. La gente va a la iglesia para _____ a Dios.
11. El antónimo de «abrirse» es _____ .
12. No podemos ver en la oscuridad sin la _____ .

D. **(Optional structural exercise) In this chapter, the future tense is used several times. This tense is often substituted by the use of "*ir a* + infinitive": Mañana hablaré (voy a hablar) con mi profesor. Here are examples from the chapter. Change each verb in the future tense using the verb *ir*, followed by *a* plus the infinitive:**

1. . . . **tendrán** que andar cuesta arriba.
2. **Tomaremos** un taxi.
3. . . . yo **llamaré** a un taxista . . .
4. ¿A qué hora **querrán** Uds. salir mañana?
5. El taxista **estará** aquí . . .
6. **Tardaremos** una hora en llegar.
7. . . . les **daré** unos datos . . .

E. **Resumen. Complete cada oración con una o más palabras para formar un resumen del capítulo. (In this exercise you may use as many words as you need to complete the sentence):**

1. Susana y Javier conversaban con _____ .
2. Le dijeron que querían _____ .

3. Después de oír tres opciones, decidieron _____.
4. A la mañana siguiente el taxista vino a _____.
5. El hijo del taxista quería saber si _____.
6. Después de sacar las entradas, Susana y Javier _____.
7. La guía les dio _____.
8. En la mina el grupo _____.
9. Mercedes les dijo que podían _____.
10. Sin embargo, los dos _____.
11. Como los dos no sabían qué hacer, _____.

F. **Imagine that you are the author. Add your own dialog of six lines to the end of this chapter, but do not read the beginning of the next chapter! Here is a suggested dialog. Now supply your own:**

Susana: —Mercedes no contesta.
Javier: —Vamos a llamarla otra vez. ¡Mercedes!
Susana: —Yo la llamaré también. ¡Mercedes!
Javier: —No oigo nada.
Susana: —Tengo miedo. ¿Qué vamos a hacer?
Javier: —No sé. Tendremos que dormir en la mina esta noche.

CAPÍTULO VEINTE

Este panecillo no se come

—Señores Rivera, ¿dónde están Uds.?

—Aquí estamos, Mercedes, —gritaron los dos.

—No se preocupen. Sigan hablando y yo los encontraré.

5   En treinta segundos Mercedes encontró a Javier y Susana, siguiendo sus voces.

—¡Ah!, aquí están Uds., y no muy lejos.

—¡Qué suerte! No queríamos pasar la noche aquí —exclamó Susana.

10 —No, no. No puede ser. ¡De comer no hay más que sal! Síganme; tengo una linterna.

  En unos momentos los tres llegaron a la entrada de la mina.

—Aquí estamos. El guardián está a punto de 15 cerrar las puertas —dijo Mercedes.

  Al salir de la mina-catedral, Susana y Javier se despidieron de Mercedes, dándole las gracias por su información y ayuda. El taxista y su hijo estaban esperando a unos pasos de la entrada.

20 —Hola, señores. ¿Cómo fue la visita?

—Magnífica. Pero por poco nos quedamos en la mina toda la noche.

—¿Cómo? ¿Qué pasó?

  Mientras volvían a Bogotá, Javier y Susana ex-25 plicaron al taxista lo que les había pasado.

¡De . . . sal! *All there is to eat is salt!*
la linterna *flashlight*

está a punto de *is about to*

por . . . quedamos *we almost stayed*

lo . . . pasado *what had happened to them*

159

—¡Qué visita más emocionante! ¿Verdad?

—¡Ya lo creo! —exclamó Javier.

—Y, ¡muy peligrosa también! —añadió Susana.

(De vuelta a Bogotá.)

—Y, ahora, a Quito —dijo Javier—. Yo creo
30 que debemos ver más lugares en nuestra próxima visita a Colombia. Por ejemplo, las ciu-
dades costeras de Barranquilla y Cartagena. ¿Qué   costero *coastal*
crees tú?

—Estoy de acuerdo contigo. Yo quisiera ir a la
35 selva del Amazonas.   la selva *jungle*

—Buena idea, pero ahora el Ecuador nos espera. Vamos a hacer las maletas.

—¡Otra vez las maletas!

(Al día siguiente.)

—Atención, pasajeros. Dentro de diez minu-
40 tos vamos a tomar tierra en el Aeropuerto Ma-   tomar tierra   *to*
riscal Sucre. Cuidado al bajar del avión. Estamos   *land*
a una altitud de casi tres mil metros. Si Uds. no
están acostumbrados a la altitud, deben descansar un rato al llegar a sus hoteles.

45   —¿Oyes al capitán, Susana? Nosotros no le te-   tener miedo a la
nemos miedo a la altitud. El «soroche» es para   altitud *to be*
los que llegan de lugares bajos.   *afraid of altitude*

—¡Claro! Somos viajeros con mucha experien-
cia.

(Dos horas más tarde.)

50   —Vamos a empezar nuestro recorrido por la
ciudad en la sección antigua, que es más intere-   antiguo *old*
sante —dijo Javier.

—Podemos tomar la buseta marcada «Guaya-   la buseta *small bus*
quil» que va por la avenida 10 de Agosto, luego
55 por la calle Guayaquil hasta la Plaza de la Independencia.

—Pero, ¿cómo vamos a subir a esa buseta si va llena y hay pasajeros que cuelgan de las puertas?

va llena *is full*

—Haremos lo que hacen los quiteños, que
60 agarran las barandillas.

quiteño *inhabitant of Quito*
agarrar *to hold on to*

—Pero, parece muy peligroso.

—Sí, lo es, pero ya somos verdaderos sudamericanos y muy aventureros. ¿Estás listo? ¡Salta!

lo es *it is*

¡Salta! *Jump!*

65 —¡Ay! ¡Por poco me caigo!

¡Por . . . caigo! *I almost fell!*

—Agarra bien la barandilla y no te caerás.

—Espero que no.

Susana y Javier llegaron a la Plaza de la Independencia sanos y salvos. En este lugar empe-
70 zaron su recorrido por la parte antigua de Quito. Visitaron los edificios más importantes, como la Catedral, donde está enterrado el General Sucre, héroe nacional del Ecuador. En la bella Iglesia de la Compañía, vieron una mag-
75 nífica colección de obras de arte y los altares dorados de la iglesia. Luego se dirigieron hacia la avenida 24 de Mayo, el centro de la parte más antigua de Quito. Aquí las calles son escarpadas y estrechas. También están pavimentadas de
80 adoquines.

dorado *gold-plated*

escarpado *steep*

el adoquín *cobblestone*

—Javier, tenemos que encontrar el «Panecillo».

—¿Qué panecillo? ¿Tienes hambre?

—No, tonto. Yo sé que estás bromeando.
85 Hablo del famoso Monte del Panecillo, donde los incas adoraban al Sol.

tonto *silly*
bromear *to fool around; to kid*
adorar *to worship*

—Vamos a preguntar a esa señorita. (A la muchacha.) —Disculpe, señorita, ¿cómo se puede llegar al Panecillo?

90 —Pues, bajen esta calle hasta el final. Luego miren a la derecha y verán el Panecillo.

—Muchas gracias, señorita.

—De nada, señores. Si quieren subir a la

cumbre, tomen un taxi. Hay una magnífica vista
95 de la ciudad y un nuevo restaurante.

—Gracias otra vez. Ud. ha sido muy amable.

Susana y Javier llegaron a la parte baja de la
calle, y, siguiendo las indicaciones de la señorita, las indicaciones
miraron a la derecha. De veras la colina tenía la *instructions*
100 forma de un panecillo.

—Francamente, Javier, no tengo ganas de subir a la cumbre. Hay otros lugares que parecen
ser más interesantes.

—Tienes razón. Vamos a caminar hacia la parte
105 moderna. Si seguimos el plano, pasaremos por
el Parque de la Alameda, luego por el Parque El
Ejido.

Al llegar al Parque El Ejido, Susana y Javier
vieron a una familia india que vendía toda clase
110 de comidas.

—Buenos días, señores —les dijo una india—.

¿Quieren comprar algo de comer? Hay fritadas,
papas, diferentes tipos de carne y maíz.

la fritada *fried food*
el maíz *corn*

—Javier —dijo Susana en voz muy baja— la guía
115 dice que no se deben comprar las comidas preparadas en la calle.

—Gracias, señora —dijo Javier—. No tenemos
hambre en este momento. Dígame, por favor,
¿de dónde son Uds.?

120 —Nosotros somos de Otavalo. Venimos aquí
todas las mañanas y volvemos a nuestro pueblo
por la tarde.

—Y, ¿cómo se puede ir a Otavalo? —preguntó
Susana a la india.

125 —Uds. pueden tomar el microbús que para en
la esquina de las avenidas Patria y 10 de Agosto.
Es un viaje de dos horas. Uds. deben visitar
nuestro pueblo. Creo que les gustará, sobre todo
los sábados, cuando todo el pueblo es un mer-
130 cado.

parar *to stop*

sobre todo
especially

—¡Qué emocionante! —exclamó Susana. Muchas gracias por la información.

—De nada. ¡Nos vemos en Otavalo!

Susana y Javier decidieron andar por la avenida
135 Amazonas, que estaba muy cerca. Esta avenida
es una calle peatonal con cafés al aire libre, tiendas modernas, bancos y galerías de arte.

Nos vemos *We'll
see each other*

la calle peatonal
*street for
pedestrians only*
la moderna *the
modern one*

—¡Qué contraste entre la sección antigua y la
moderna! Son como dos ciudades distintas
140 —comentó Susana.

—Este restaurante tiene que ser bueno, porque está lleno de gente. Hay una mesa desocupada. Vamos a sentarnos.

—Buenas tardes, señores. ¿Quieren ver el
145 menú?

—Sí, gracias.

—Muy bien. Ahora mismo se lo traigo.

—Este menú es muy variado. ¿Sabes qué es cebiche, Susana?

Ahora . . . traigo.
*I'll bring it to you
at once.*

150   —No estoy segura. Vamos a preguntar al camarero.

  El camarero explicó que el cebiche es una mezcla de pescados y mariscos que se sirven en un
jugo de lima con ajo, cebollas y ají.

155   —Tenemos que probarlo. Tráiganos dos ra-
ciones. Y, de postre tráiganos dos chirimoyas.

  —Y, ¿de beber?

  —Dos cervezas, por favor.

  —En seguida, señores.

160   Durante la comida Javier y Susana conversaban con el camarero, que era un joven muy
simpático.

  —¿Qué les parece nuestra ciudad?

  —¡Oh!, nos gusta mucho, sobre todo el con-
165   traste entre las partes moderna y antigua.

  —Uds. tienen que ir a la Mitad del Mundo.

  —¿Cómo? ¿La mitad del mundo?

la mezcla mixture
los mariscos seafood
la lima lime
 el ajo garlic
 la cebolla onion
 el ají small green
 pepper
la ración portion
de postre for dessert
la chirimoya
 jungle fruit with
 a custardlike
 filling
de beber to drink

¿Qué les parece
 . . . How do you
 like . . . ?

la mitad middle

EJERCICIOS

A. Conteste cada pregunta con una oración completa:

1. ¿Cómo pudo Mercedes encontrar a Javier y Susana?
2. ¿Qué iba a hacer el guardián cuando los tres llegaron a la entrada de la mina?
3. ¿Qué ciudades querían visitar Susana y Javier en su próximo
viaje a Sudamérica?
4. ¿Cómo se llama el aeropuerto de Quito?
5. ¿En qué país está la ciudad de Quito?
6. ¿Quién está enterrado en la Catedral?
7. ¿Por qué es importante la avenida 24 de Mayo?
8. ¿Dónde adoraban los incas al Sol?
9. ¿Qué quería la india vender a Javier y a Susana?
10. ¿Por qué no lo compraron?
11. Describa el cebiche.
12. ¿Qué comieron y qué bebieron Susana y Javier en el restaurante?

B. **Todas ciertas. Again you have the opportunity to get back at the authors. All the sentences are true according to the chapter. Rewrite the sentences making the information false. Your teacher may wish to give extra credit for the best far-fetched statements:**

1. Mercedes guió a Javier y Susana con una linterna hasta la entrada de la mina.
2. Susana y Javier le dieron las gracias a Mercedes por su ayuda.
3. Al llegar a Quito, Susana y Javier decidieron andar por la parte antigua de la ciudad.
4. Para ir allá, tomaron una buseta llena de gente.
5. Después de visitar varios sitios decidieron buscar el Panecillo.
6. Una señorita les dio las direcciones para ir allá.
7. Pero decidieron no ir a la cumbre porque querían ver otros lugares.
8. En el Parque El Ejido se encontraron con una familia india.
9. Una india les explicó que eran de Otavalo y les dijo que debían visitar su pueblo.
10. Luego entraron en un restaurante donde comieron el famoso cebiche.
11. El camarero les preguntó si les gustaba Quito y luego les dijo que debían ir a la Mitad del Mundo.

C. **Vocabulario. Complete cada oración con una palabra del capítulo:**

1. Es necesario _____ las instrucciones de la guía.
2. Mi casa está a unos _____ de la parada del autobús.
3. ¡Qué _____ es el viaje de Susana y Javier!
4. Un sinónimo de «viejo» es _____.
5. No hay espacio en el autobús; está _____.
6. Para no caerse hay que _____ la barandilla.
7. Un sinónimo de «preparado» es _____.
8. En la Catedral está _____ un famoso héroe del país.
9. El antónimo de «ancho» es _____.
10. El autobús debe _____ en esta esquina.
11. La _____ de veinte es diez.

D. Modismos con verbos. Haga la oración en español según el modelo:

1. We were about to enter. Estábamos a punto de entrar.
   Susana was about to leave.
2. They thanked us for the gift. Nos dieron las gracias por el regalo.
   I thanked him for the information.
3. When did he pack his suitcase? ¿Cuándo hizo su maleta?
   When did you (familiar singular) pack your suitcase?
4. They didn't feel like swimming. No tuvieron ganas de nadar.
   I didn't feel like studying.
5. Did you have to go home? ¿Tuviste que ir a casa?
   Did they have to go to the museum?

E. Modismos sin verbos. Complete cada oración con un modismo de la lista:

ya lo creo	en voz baja
sano y salvo	por la tarde
toda clase de	de postre
algo de comer	de beber

1. _____ vamos a tomar helado de chocolate.
2. En esa tienda se vende _____ artículos.
3. —¿Quieres ir al circo conmigo?
   —¡_____!
4. ¡Ah!, tienes hambre. ¿Quieres _____?
5. Esto es un secreto. Te lo digo _____.
6. Llegué a la otra orilla del lago _____.
7. La radio dice que va a llover _____.
8. Y, _____, ¿quiere Ud. agua mineral o vino?

F. Diálogo. Imagine that you are a stranger in a Spanish-speaking city and you wish to visit a certain place. You approach someone on the street to ask for directions. Construct a six-to-eight-line dialog between yourself and the other person. Here are some expressions you might use:

llegar a	*to get to*
derecho	*straight ahead*
a la derecha	*to the right*
a la izquierda	*to the left*
doblar	*to turn*

G. What do you suppose the waiter meant by «La Mitad del Mundo»? Hint: Quito is almost on the Equator.

H. Can you suggest an alternate title for this chapter? Your teacher may wish to award special credit to the best titles.

CAPÍTULO VEINTIUNO

¿*Tendremos que dormir aquí?*

—Ah, parece que Uds. no saben qué es la Mitad del Mundo. Pues, a 24 kilómetros de Quito está el monumento que marca el ecuador. Allí se puede cruzar el ecuador, poniendo un pie en
5 el hemisferio norte y el otro pie en el hemisferio sur.

—Y, ¿cómo se puede ir a la Mitad del Mundo?

—Bueno, hay autobuses que salen de diferentes partes de la ciudad. En este barrio salen de la
10 avenida de América.

—Iremos ahora mismo, ¿eh, Susana?

—¡Cómo no!

—Susana y Javier se despidieron del camarero, dándole las gracias por su ayuda, y se dirigieron
15 hacia la parada del autobús que los llevaría a la Mitad del Mundo. El viaje tardó poco menos de una hora. Al llegar al monumento, vieron una placa con la inscripción 0° 0′ 0″. Los dos se divirtieron cruzando el ecuador docenas de veces.
20 —¡Qué divertido es! En un segundo estoy en el hemisferio sur. En otro segundo estoy en el hemisferio norte —gritaba Susana.

Los dos estaban saltando de un hemisferio al otro, y para más diversión, uno saltaba al norte

el ecuador the equator

la parada (bus) stop
los llevaría would take them

la placa sign, plaque

25 mientras el otro saltaba al sur. Y luego lo hacían
al revés.

al revés *in reverse order*

—¡Qué locura! —gritó Javier.

En el viaje de vuelta, Javier y Susana planearon
su excursión a Otavalo para el día siguiente, que
30 afortunadamente era sábado.

—¡Qué casualidad! —dijo Susana—. Mañana es
sábado, el día del gran mercado en Otavalo.

la casualidad *coincidence*

—Tenemos suerte. Creo que la visita va a ser
muy interesante.

(A la mañana siguiente.)

35 Susana y Javier se dirigieron a la parada del microbús que va a Otavalo.

—¡Qué confusión! —dijo Javier—. Hay tantos autobuses que van a diferentes lugares.

—No sé cómo vamos a encontrar el microbús
40 para Otavalo.

En ese momento pasó un microbús, y en la puerta estaba un muchacho que gritaba: —Otavalo, Otavalo. Suban no más.

Suban no más.
Just get on.

—Vamos a correr, Susana. Este microbús no
45 va a parar por completo.

por completo
completely

—¡Ay! —gritó Susana—. ¡Qué vida más peligrosa!

**¡Qué . . .
peligrosa!** *What
a dangerous life!*

—Pero, muy divertida, ¿verdad?

Los dos saltaron hacia dentro del microbús
50 ayudados por el chico. Pudieron encontrar dos asientos juntos. Todos los pasajeros, menos Javier y Susana, eran indios. Al poco rato el muchacho empezó a cobrar el pasaje, pasando entre los pasajeros.

**saltaron hacia
dentro** *jumped
into*
ayudados por
helped by
cobrar el pasaje *to
collect the fare*

55 —Buenos días, señores. ¿Quieren boletos sencillos o de ida y vuelta?

el boleto sencillo
one-way ticket
**el boleto de ida y
vuelta** *round-trip
ticket*

—¿Cuánto cuesta un boleto sencillo?

—750 sucres, cada uno, señor.

—Y, ¿un boleto de ida y vuelta?

60 —1.500 sucres, señora.

—Pues, como no ahorramos nada comprando boletos de ida y vuelta, danos dos boletos sencillos.

ahorrar *to save*
comprando *by
buying*

—De acuerdo, señor. Aquí tienen sus boletos.
65 Buen viaje.

—Gracias. Y, ¿quieres hacernos un favor? —preguntó Susana—. ¿Podemos sacarte una foto?

**¿quieres . . .
favor?** *will you do
us a favor?*
sacarte una foto
take your picture

—Con mucho gusto, señora. Pero, déjeme
70 peinarme primero.

Déjeme peinarme.
*Let me comb my
hair.*

El muchacho sonreía alegremente mientras Susana sacaba la foto.

—Gracias, chico. Eres muy amable.

—De nada, señora. Fue un placer.

75　—Susana, ¿por qué sacaste una foto del muchacho?

—Es un modo de fotografiar a varios pasajeros del microbús de manera discreta.

—¡Qué astuta eres!

80　El viaje en microbús fue muy agradable. Inclusive había música que salía de un altavoz. La ruta era panorámica y el paisaje muy bonito. Las dos horas pasaron muy rápidamente. Al acercarse a Otavalo, los dos vieron las calles llenas de gente.

85　El microbús tenía que ir muy despacio hasta llegar a la última parada.

Susana y Javier finalmente bajaron del microbús. Ahora paseaban entre los puestos de ropa de lana, artículos de cuero, tapices, ponchos,

90　canastas, joyas hechas a mano y alfarería.

—Javier, ¡hay tantas cosas que comprar aquí! No sé qué escoger.

—Yo nunca he visto tantos puestos en un mercado.

95　Al pasar por una tiendecita, los dos oyeron una voz que les decía: —Pasen no más, señores.

Era una joven india vestida con una falda negra, blusa blanca y un chal muy bonito. En un rincón de la tiendecita estaba sentado un hombre

100　que llevaba una trenza muy larga.

—Tenemos toda clase de artículos de cuero para hombres y mujeres —les decía el joven—. También tenemos un gran surtido de joyas. Pasen no más.

105　—Javier, aquí podemos comprar regalos para la familia y para nuestros amigos. ¿Qué te parece este collar de cuentas para mi madre?

—Es precioso. Y, ¿qué te parece esta cartera para mi sobrino?

110　—Es muy bonita. Vamos a preguntar los precios.

Como de costumbre, era necesario regatear

---

de manera discreta *in a discrete way*
astuto *shrewd*
inclusive había *there was even*
el altavoz *loudspeaker*
acercarse a *to approach*

ir *to go along*

el puesto *stand*
el cuero *leather*
el tapiz *tapestry*
joyas hechas a mano *handmade jewelry*
la alfarería *pottery*

Pasen no más *Just come in*

el chal *shawl*
el rincón *corner*

llevaba *was wearing*
la trenza *braid*

el surtido *stock*

el collar de cuentas *beaded necklace*
precioso *very pretty*
la cartera *wallet*

como de costumbre *as usual*

antes de llegar a un precio mutuamente aceptable. Pero por fin Susana y Javier llegaron a un
115 acuerdo con el vendedor y salieron de la tien-
decita cargados de bolsas llenas de regalos y cosas
para sí mismos. Antes de ir a la parada del microbús, decidieron entrar a un restaurante lim-
pio y con un menú variado.

120   —Susana, ¿sabes a qué hora sale el microbús
para Quito?

—No sé exactamente. Pero creo que tenemos
suficiente tiempo para comer.

Al salir del restaurante, los dos se dirigieron a
125 la parada del microbús. Esta vez tuvieron que
entrar a una oficina para comprar los boletos.

—Lo siento mucho, señores —les dijo el empleado—. El último microbús para Quito acaba
de partir.

130   —Pero, ¿qué vamos a hacer? ¡Tenemos que regresar a Quito esta tarde! —gritó Javier.

—¡Qué barbaridad! —añadió Susana.

el acuerdo
agreement
cargado de bolsas
loaded with bags
para sí mismos *for
themselves*

el empleado *clerk*

acaba de partir *has
just departed*

¡Qué barbaridad!
How awful!

EJERCICIOS

A. Conteste cada pregunta con una oración completa:

1. ¿Qué se encuentra a 24 kilómetros de Quito?
2. ¿Cómo fueron allí Javier y Susana?
3. ¿Cómo se divirtieron allí?
4. ¿Dónde planearon su excursión a Otavalo?
5. ¿Cómo pudieron reconocer el autobús para Otavalo?
6. ¿Cuánto costaba un boleto sencillo?
7. ¿Por qué no compraron boletos de ida y vuelta?

8. ¿Con quién hablaban Susana y Javier en el microbús?
9. ¿Por qué sacó Susana una foto del muchacho?
10. Describa el viaje a Otavalo.
11. ¿Por qué tenía el microbús que ir despacio en Otavalo?
12. ¿Qué veían por las calles de Otavalo?
13. ¿Dónde compraron regalos para la familia y para los amigos?
14. ¿Qué hicieron antes de volver a Quito?
15. ¿Por qué no era posible volver a Quito esa tarde?

B. Resumen. Haga un resumen del capítulo usando las ideas sugeridas en inglés:

1. Susana and Javier went to la Mitad del Mundo by bus.
2. There they had fun crossing the equator many times.
3. The experience was very enjoyable.
4. The next day, they went to Otavalo, also by bus.
5. They bought one-way tickets because the round-trip cost exactly double the one-way tickets. (el doble de los . . .)
6. On the bus they took a picture of the fare collector.
7. They listened to music that came out of a loudspeaker.
8. When they arrived at Otavalo, they walked through the open-air market.
9. In a little store, they bought gifts for members of their families and friends.
10. Before paying for the articles (pagar los artículos), they decided to bargain, as usual.
11. Then they went into a clean restaurant to have something to eat (a comer algo).
12. When they got to (llegaron a . . .) the bus stop, they found out (supieron) that the last bus to Quito had just left (acababa de partir).
13. What were they going (iban a) to do? How awful!

C. Diálogos:

1. Rewrite the last six lines according to your own version of the situation. For example, the clerk could say, "Buenas tardes, señores. El último bus para Quito está a punto de partir." Then Javier could say, "¡Ah, cuánto nos alegramos! Hemos llegado a tiempo." And, Susana could say, "¡Qué suerte tenemos!"

2. Toward the end of this chapter, Susana and Javier arrive at a mutual price with the storekeepers in Otavalo. Construct a dialogue between either Susana or Javier and one of the storekeepers, during which they arrive at their agreed price for all the articles they have purchased. Assume an exchange rate of 1,300 sucres to the dollar.

D. Suggest an alternate title for this chapter:

1. assuming that the last six lines remained the same.
2. based upon your new version of the end of the chapter.

CAPÍTULO VEINTIDÓS

¿*Cuándo volveremos a Nueva York?*

—No se preocupen, señores. Uds. tienen dos opciones: o alojarse aquí en un hotel o volver a Quito en taxi.

—¿Cómo son los hoteles de este pueblo? —pre-
5 guntó Susana?

—Hay dos o tres que son bastante cómodos y limpios. Si Uds. quieren, los llevo a ver uno.

—¿Qué crees, Javier?

—Yo creo que debemos quedarnos aquí esta
10 noche. Vamos a ver el hotel.

El empleado llevó a Susana y Javier al Hotel Encanto en su automóvil. Los dos encontraron el hotel muy adecuado. El empleado les dijo que el primer microbús para Quito salía a las ocho de
15 la mañana. Los dos le dieron las gracias y pasaron una noche muy agradable en Otavalo.

(A la mañana siguiente.)

Al salir del hotel, Javier y Susana encontraron al mismo empleado, quien los esperaba en su auto.
20 —Buenos días, señores Rivera. Estoy aquí para llevarlos al microbús.

bastante *quite*
los llevo *I'll take you*

175

—¡Qué amable, señor! —dijeron los dos a la vez.

—No es nada. Estoy a sus órdenes. No quiero que pierdan el microbús otra vez.

No . . . pierdan *I don't want you to miss*

25 Cuando Javier y Susana subieron al microbús, ¿a quiénes vieron? Al mismo chofer y al mismo cobrador del día anterior.

el cobrador *fare collector*
el día anterior *the previous day*

—Buenos días, señores. ¡Cuánto me alegro de verlos otra vez!

Cuánto . . . verlos *How glad I am to see you*

30 —Hola, joven. ¡Qué casualidad! ¿Cómo te llamas?

—Me llamo Paco Hernández, para servirles.

para servirles *at your service*

—Mucho gusto en conocerte, Paco. Soy Javier Rivera y ésta es mi esposa, Susana.

35 Durante el viaje a Quito, Javier y Susana entablaron conversación con Paco, quien les contó algunos datos acerca de su vida. Les dijo que era estudiante de la Universidad de Quito, y que estaba trabajando los fines de semana para ganar 40 suficiente dinero para pagar los gastos de la universidad.

entablar conversación *to strike up a conversation*

el fin de semana *weekend*
los gastos *expenses*

—¿Tu familia es de Quito? —le preguntó Javier.

—No, señor. Somos de Ambato, una ciudad que está a 120 kilómetros de Quito. Nuestra ciu-45 dad tiene fama de tener el mercado más grande del Ecuador. También se llama «El Jardín del Ecuador» por sus magníficos huertos y parques con flores. Desde Ambato se puede ver el pico del famoso volcán Chimborazo, el más alto del 50 Ecuador.

la fama *reputation*

el huerto *orchard*

—Y, ¿pueden ver también el volcán de Cotopaxi?

—No, señora. Cotopaxi está más cerca de Quito. Al acercarnos a Quito, se lo indicaré, 55 aunque se puede ver mejor desde la carretera de Ambato.

al acercarnos *as we approach*
se lo indicaré *I'll point it out to you*

—¿Qué altura tienen estos dos volcanes? —preguntó Susana?

¿Qué altura tienen . . . ? *How high are . . . ?*

—Cotopaxi tiene 5.943 metros de alto y Chim-
60 borazo tiene 6.310.

    —¿Están en actividad?

    —Sí, señor. Y los dos están cubiertos de nieve.

    —Parece que conoces muy bien la geografía de
tu país.

65   —Gracias, señora. Nosotros nos sentimos muy
orgullosos de nuestra patria. Y ahora llegamos a
Quito. ¿Les ha gustado su viaje a Otavalo?

de alto *high*

estar en actividad
  to be active

sentirse orgulloso
  de *to be proud of*

—Nos ha gustado muchísimo —contestó Javier—. Muchas gracias, y hasta la vista, amigo.

70   —Hasta su próximo viaje al Ecuador, amigos.

(En la habitación del hotel.)

—No puedo creer que éste es nuestro último día en Sudamérica —dijo Javier.

—Tenemos mucho que contar a nuestros alumnos acerca de nuestras aventuras.

75   —Pues, vamos a hacer las maletas por última vez. El avión sale a las nueve de la mañana.

(A la mañana siguiente.)

—¡Susana, Susana! ¿Qué hora es?

—No sé. Déjame ver el reloj. ¡Ay! ¡Caramba! ¡Son las nueve, la hora en que sale el avión para
80 Nueva York!

—Pero, ¿qué pasó?

—No sé. ¿Para qué hora pusiste el despertador?

—Voy a ver. ¡Ay, caracoles! Lo puse para las seis de la tarde.

85   —Y, ahora, ¿qué hacemos?

—Vamos a dejar nuestro problema en manos de nuestros lectores.

¿ . . . pusiste el
despertador?
   *. . . did you set
   the alarm clock?*
¡caracoles! *similar
   to* ¡caramba!
¿qué hacemos?
   what are we to do?
el lector *reader*

EJERCICIOS

A. **Conteste cada pregunta con una oración completa en español:**

   1. ¿Qué decidieron hacer Javier y Susana?
   2. ¿Cómo era el hotel de Otavalo?
   3. ¿Por qué estaba el empleado de la compañía de microbuses a la entrada del hotel a la mañana siguiente?

4. ¿Quién era Paco Hernández?
5. ¿Dónde estudiaba Paco?
6. ¿Por qué trabajaba Paco?
7. ¿De dónde era Paco?
8. ¿De qué fama goza Ambato?
9. ¿Qué son el Cotopaxi y el Chimborazo?
10. ¿Por qué tenían Javier y Susana que hacer sus maletas al volver a su hotel en Quito?
11. ¿A qué hora debía salir el avión para Nueva York?
12. ¿A qué hora se levantaron Susana y Javier el día de su partida (*departure*)?

B. **Vocabulario. Complete cada oración con una palabra del capítulo:**

1. Mis padres van a _____ en un buen hotel.
2. Mi cuarto es grande y _____ .
3. Tuvimos que _____ el autobús durante media hora.
4. Mi madre es la _____ de mi padre.
5. Los _____ de su vida son muy interesantes.
6. Un sinónimo de «la reputación» es la _____ .
7. Un _____ tiene mil metros.
8. Los autos van por la _____ .
9. Mis padres se sienten muy _____ de mis progresos en la escuela.
10. —¿Qué hora es?
    —No sé. Voy a mirar el _____ .

C. **Modismos con verbos. Haga las oraciones en español según los modelos:**

1. Did you thank your grandfather for the gift? ¿Le diste las gracias a tu abuelo por el regalo?
   Did they thank their parents for the money?
2. They were glad to see their friends. Se alegraron de ver a sus amigos.
   I was glad to see my parents.
3. We struck up a conversation with the clerk. Entablamos conversación con el empleado.
   The clerk struck up a conversation with the passengers.
4. When did Susana and Javier approach the store? ¿Cuándo se acercaron a la tienda Susana y Javier?
   When did the planes approach the airport?

5. My house is thirty feet high. Mi casa tiene treinta pies de alto. Our school is fifteen meters high.

D. **Diálogo. Imagine that you are conversing with someone on a bus in South America. This person asks you about your country. Write the dialog in Spanish using the following hints:**

A. Where are you from?

B. I'm from New York, Chicago, etc., a city in the state of . . .

A. What is your city like? (How is your city)?

B. Our city is large (small, etc.) and has . . .

A. Are you proud of your city?

B. Oh, yes. We have . . .

A. Do you have good and adequate hotels?

B. Of course! We have . . . clean and comfortable hotels.

A. Where can a tourist eat well in your city?

B. Oh, we have many good restaurants, like . . . , where the food is not very expensive and the menus are varied.

E. **Supply your own ending to the book, starting from the third line from the end, based on the authors' experiences of previous chapters. Your teacher will tell you how many sentences to write. Your ending may determine a different title for the chapter. If so, supply a new title.**

Prueba de civilización

Below you will find 129 cultural items that have appeared in the book. Try to identify each item briefly in English or Spanish, as your teacher directs. The numbers in parentheses refer to the chapters in which the items may be found:

1. La Plaza de Bolívar (18)
2. Miraflores (8)
3. una cantina (6)
4. la avenida 16 de Julio (15)
5. la calle Necochea (6)
6. Sacsahuamán (12)
7. Illimani (15)
8. La Boca (6)
9. los incas (11, 13)
10. el Alto (15)
11. La Paz (15, 16, 17, 18)
12. Las Líneas de Nazca (14)
13. la avenida Amazonas (20)
14. el Reloj del Sol (13)
15. Huayna Picchu (13)
16. Otavalo (20, 21, 22)
17. el Dios Sol (13)
18. la Ciudad Perdida de los Incas (13)
19. Evita Perón (6)
20. Machu Picchu (11, 12, 13, 14)
21. Bogotá (18, 19, 20)
22. la Plaza del 5 de Mayo (8)
23. el nuevo sol (8)
24. Callao (8, 10)
25. Pachacámac (8, 10)
26. Simón Bolívar (8, 15, 18)
27. Quito (20, 21, 22)
28. José Chávez (8)
29. Misiones (7)
30. Ekeko (15)
31. Tambomachay (11, 12)
32. una llama (17)
33. el colectivo (9)
34. Copacabana (16, 17)
35. una peña (12)
36. Puerto Iguazú (7)
37. el bombín (11, 15)
38. la Iglesia de San Francisco (15)
39. Chimborazo (22)
40. Ambato (22)
41. Barranquilla (20)
42. la avenida del Sol (11)
43. Mamá Occlo (17)
44. el Parque El Ejido (20)
45. Pampa del Castillo (11)
46. el cerro de Huanacauti (17)

47. el Parque de la Alameda (20)
48. la Garganta del Diablo (7)
49. el Panecillo (20)
50. el estadio de Miraflores (15)
51. la avenida 24 de Mayo (20)
52. el General Sucre (20)
53. la Iglesia de la Compañía (20)
54. una farmacia de guardia (10)
55. la calle Guayaquil (20)
56. la isla de Suriqui (16, 17)
57. la avenida 10 de Agosto (20)
58. el Mariscal Sucre (20)
59. la Plaza Murillo (15)
60. el bife (4)
61. el Teatro Colón (3, 5)
62. la Mitad del Mundo (20, 21)
63. una chirimoya (20)
64. la calle Lavalle (4)
65. el cebiche (20)
66. la calle Corrientes (4)
67. Manco Cápac (17)
68. una chompa (11)
69. la Plaza de la Independencia (20)
70. la avenida de Mayo (5)
71. la calle Florida (3)
72. Ezeiza (3)
73. el Mercado de las Brujas (16)
74. el lago Titicaca (16, 17)
75. el Valle de la Luna (16)
76. la Plaza de San Francisco (15, 16)
77. los aymaraes (15)
78. Santiago (2)
79. el Templo del Sol (11, 13)
80. Coricancha (11)
81. Pueblo Libre (9)
82. las cataratas del Iguazú (7)
83. el puente Avellaneda (6)
84. Monterrico (9)
85. Juan Domingo Perón (6)
86. José de San Martín (3, 5, 8)
87. la Casa Rosada (3, 4, 5)
88. la Plaza de Mayo (5)
89. la calle Loreto (11)
90. la avenida 9 de Julio (5)
91. la garúa (8)
92. Tiahuanaco (15)
93. Lima (2, 8, 14, 15)
94. los Andes (17)
95. Pisac (11, 12)
96. jirón de la Unión (8)
97. Guayaquil (2, 20)
98. el soroche (11, 20)
99. el Obelisco (5)
100. Panamá (2)
101. Pizarro (8)
102. Buenos Aires (1–7)
103. 1492 (18)
104. Cuzco (10, 11, 14, 17)
105. Quenco (11, 12)
106. Cristóbal Colón (18)
107. el Cementerio de la Recoleta (6)
108. Puca-Pucará (11, 12)
109. la Isla de la Luna (17)
110. la Plaza de Armas (8, 11, 12)
111. la Iglesia de Santo Domingo (11)
112. el tango (5)

113. la carrera Séptima (18)
114. Puerto Pérez (16, 17)
115. la selva del Amazonas (20)
116. la Isla del Sol (17)
117. Cartagena (20)
118. una media luna (5)
119. Zipaquirá (18, 19, 20)
120. un porteño (5, 6)
121. El Dorado (18)
122. Cotopaxi (22)
123. el Museo Larco Herrera (8)
124. el Museo del Oro (8, 18)
125. el estrecho de Tiquina (16, 17)
126. una totora (16, 17)
127. la Virgen Morena (17)
128. la Plaza de San Martín (5, 8)
129. la pollera (11, 15)

Preguntas para la conversación

Answer the following questions in complete Spanish sentences, using the vocabulary and idioms you have learned in this book. In some questions (for example, 4 and 5), assume that you have traveled like Susana and Javier and answer the questions accordingly:

1. (a) ¿Piensa Ud. hacer un viaje durante el verano?
   (b) Si no quiere hacer un viaje, ¿qué prefiere hacer?
   (c) Si quiere hacer un viaje, ¿adónde quiere ir?
   (d) ¿Cuándo y por qué consulta Ud. a un agente de viajes?

2. ¿Qué sabe Ud. acerca de Sudamérica?
   (a) ¿En cuántos países se habla español?
   (b) ¿Cuáles son estos países donde se habla español?
   (c) ¿Cuál es el país más grande?
   (d) ¿Cuál es el país más pequeño?
   (e) ¿Cuál es la capital de cada país?

3. ¿Cuánto tiempo dura el vuelo entre Nueva York y Los Ángeles?

4. ¿En qué parte del avión se sienta Ud. por lo general? (la parte delantera, la parte trasera, el centro)

5. Si Ud. tiene ganas de volar, ¿adónde quiere ir? ¿Por qué?

6. ¿Qué hace Ud. durante un vuelo largo?

7. ¿Puede Ud. dormir en un avión?

8. ¿Está Ud. nervioso(a) durante un vuelo, antes del vuelo o antes de aterrizar? ¿Por qué?

9. ¿Prefiere Ud. un vuelo directo o prefiere cambiar de avión? ¿Por qué?

10. ¿Con quién (quiénes) prefiere Ud. viajar? ¿Por qué?

11. (a) ¿Cómo se puede ir al aeropuerto? (en auto, en taxi, en autobús, a pie, a caballo, en bicicleta)
    (b) ¿Cómo llega Ud. generalmente al aeropuerto?
    (c) ¿Hay mucho tránsito (*traffic*) en la carretera?
    (d) ¿Está el aeropuerto lejos de su casa?
    (e) ¿Cómo se llama el aeropuerto que Uds. usan?
    (f) ¿Es grande o pequeño?
    (g) ¿Qué puede Ud. hacer en un aeropuerto mientras espera subir a bordo del avión?
    (h) ¿Le gusta a Ud. visitar el aeropuerto aun cuando (*even when*) no tiene que hacer un viaje? ¿Por qué?

12. ¿Qué hacen los miembros de la tripulación de un avión?
    (a) el piloto (pilotar, dar información sobre el vuelo)
    (b) el navegante (dirigir el avión, trazar el rumbo [*plot the course*])
    (c) el camarero o la azafata (la aeromoza) (servir las comidas y las bebidas, ayudar a los pasajeros, dar información)

13. Después de un vuelo internacional, ¿cuál es la primera cosa que hay que hacer al bajar del avión?

14. Al llegar a su hotel, después de un vuelo largo, ¿qué le gusta a Ud. hacer? ¿Por qué?

15. Después de entrar a un hotel, ¿qué tiene Ud. que hacer primero?

16. ¿Qué hace el mozo del hotel?

17. ¿Qué hace el (la) recepcionista?

18. ¿Qué hace Ud. por lo general después de entrar por primera vez a la habitación de un hotel?

19. ¿Le gusta tener un televisor en su habitación? ¿Por qué?

20. Cuando Ud. entra a un restaurante, ¿qué le dice al camarero?

21. ¿Dónde le gusta sentarse en un restaurante?

22. ¿Qué le da a Ud. el camarero después de la comida?

23. ¿Qué le da Ud. al camarero antes de salir del restaurante?

24. (a) Además del avión, ¿qué otros medios de transporte hay?
    (b) ¿Qué medio de transporte prefiere Ud.? ¿Por qué?

Vocabulario

abajo below
abierto open
abogado *m.* lawyer
abrocharse to fasten
aburrido bored
acabar to finish; **acabar de** + *inf.* to have just
acera *f.* sidewalk
acerca de about, concerning
acercarse a to approach
acostarse to go to bed
acostumbrado a accustomed to, used to
acostumbrarse a to get accustomed to
acuerdo *m.* agreement; **de acuerdo** agreed, O.K.; **estar de acuerdo** to agree
además besides; **además de** besides, in addition to
¿adónde? (to) where?
aeropuerto *m.* airport
adorar to worship
afortunadamente fortunately
afueras : las afueras *f.pl.* outskirts
agitar to wave
ahí there
ahora now; **ahora mismo** right now
aire *m.* air; **al aire libre** outdoors
alcanzar to reach
aldea *f.* village
alegrarse de + *inf.* to be glad to
alegre happy, cheerful
algo something; **algo de comer (beber)** something to eat (drink)

alguien someone, somebody
alguno (algún) some
aliviar to relieve, ease
almacén *m.* department store
almorzar to have lunch
alojarse to stay (at a hotel)
alrededor de around
alto high, tall
altura *f.* height
allá, allí there
amable nice, kind
amanecer *m.* dawn, daybreak; **al amanecer** at daybreak
amarillo yellow
ambicioso ambitious
ambos both
anaranjado orange-colored
ancho wide
andar to walk, to go
andino Andean (*of the Andes Mountains*)
¡ánimo! cheer up!
antes (de) before
anuncio *m.* announcement
añadir to add
año *m.* year; **año escolar** school year
aparecer to appear
aplicar to apply
aquí here
arreglado fixed, repaired, arranged
arreglar to fix; to arrange
arriba above
artículo *m.* article
ascensor *m.* elevator
así so, this way

asiento *m.* seat
asistir a to attend
asombrado astonished
astrónomo *m.* astronomer
aterrizar to land
atravesar to cross
aunque although
auto, automóvil *m.* car
avanzado advanced
aventurero adventurous
avería *f.* breakdown
avión *m.* airplane
avioneta *f.* small plane
¡ay! ow! ouch!; oh!
ayer yesterday
ayuda *f.* help, aid
ayudar to help
azafata *f.* stewardess

bailar to dance
baile *m* dance
bajada *f.* descent
bajar to go down; **bajar de** to get out of
bajo low, short; under
balsa *f.* raft
ballena *f.* whale
banco *m.* bench; bank
bañarse to bathe, take a bath
baño *m.* bath
barandilla *f.* railing
barato cheap
barca *f.* ferry, barge
barrio *m.* neighborhood
bastante enough; quite
bebé *m.* baby
beber to drink
bello beautiful
bienvenida *f.* welcome; **bienvenido** welcome
bife *m.* steak
billete *m.* ticket; bill (of money)
boda *f.* wedding
boleto *m.* ticket; **boleto sencillo** one-way ticket; **boleto de ida y vuelta** round-trip ticket
bombín *m.* bowler hat
bordo: a bordo de on board

brasileño Brasilian
brazo *m.* arm
bromear to joke, jest
bruja *f.* witch
bueno (buen) good, well, well then
busca *f.* search; **en busca de** in search of
buscar to look for
buseta *f.* small bus

caballo *m.* horse; **a caballo** on horseback
caber to fit
cabida *f.* room, space
cabina telefónica *f.* telephone booth
cabo: al cabo de at the end of
caer(se) to fall
calefacción *f.* heat, heating
calor *m.* heat; **hace calor** it is warm (hot); **tener calor** to be warm (hot)
calle *f.* street; **calle peatonal** pedestrian street
cámara *f.* chamber, room; **cámara acorazada** vault
cámara (fotográfica) *f.* camera
camarera *f.* waitress
camarero *m.* waiter, steward
cambiar (de) to change; **cambiar(se) de ropa** to change clothes
cambio *m.* change
caminar to walk
camino *m.* road
campo *m.* country, field
canasta *f.* basket
cansado tired
cantante *m. & f.* singer
cañón *m.* cannon
capítulo *m.* chapter
cara *f.* face
¡caramba! gosh!, Heavens!
carrera *f.* race; career; street
carretera *f.* road, highway
casi almost
casualidad *f.* coincidence
catarata *f.* waterfall
cebiche *m.* South American seafood dish

cena *f.* dinner, supper
cenar to have dinner
cerca (de) near
cerrado closed, shut
cerrar to close; to shut
cerveza *f.* beer
cielo *m.* sky
cierto certain; **es cierto** that's right
cinturón *m.* belt; **cinturón de seguridad** seat belt
circo *m.* circus
circular to circulate; to move, run
ciudad *f.* city
¡claro! of course! **¡claro que sí!** of course!; **¡claro que no!** of course not
clase *f.* class, kind; **toda clase de** all kinds of
cobrador *m.* fare collector
cocina *f.* kitchen
coche *m.* car
cola *f.* line (of people); **hacer cola** to stand in line
colectivo *m.* van used as a taxi
colgar to hang
colina *f.* hill
colocar to place, put
comenzar to begin, start
comerciante *m.* merchant, businessman
comida *f.* food, meal, dinner
como as, since, like: **¿cómo?** how? **¡cómo no!** of course!
cómodo comfortable
compañera *f.,* **compañero** *m.* companion
completo complete; **por completo** completely
compartir to share
concurrido crowded
condición *f.* condition; **en malas (buenas) condiciones** in bad (good) condition
conducir to lead; to drive
conmemorar to commemorate
conocer to know, get acquainted with, meet
conocido (well) known
conocimiento *m.* knowledge

conseguir to get, obtain
conquista *f.* conquest
conquistar to conquer
conquistador *m.* conqueror
consejo *m.* (piece of) advice; **consejos** *m. pl.* advice
consistir en to consist of
construido constructed
contener to contain
contar to count; to tell
contra against
corazón *m.* heart
corrida (de toros) *f.* bullfight
corto short
costa *f.* coast
costar to cost
creer to believe; **creer que sí** to think so; **creer que no** not to think so; **¡ya lo creo!** I should say so!
cruzar to cross
cuadra *f.* block
cuadrado *m.* square
¿cuál? which (one); **¿cuáles?** which (ones)
cualquier any
cuanto: en cuanto a as for, with regard to
¿cuánto? how much? **¿cuántos?** how many?
cuarto *m.* room; quarter
cubierto de covered with
cuenta *f.* bill, check, account; **darse cuenta de** to realize
cuero *m.* leather
cuerpo *m.* body
cuesta *f.* hill; **cuesta arriba** uphill; **cuesta abajo** downhill
cuidado *m.* care; **tener cuidado** to be careful; **¡cuidado!** careful!; **con cuidado** carefully; **cuidado con** beware of
cumbre *f.* top, summit
cumpleaños *m.* birthday

chal *m.* shawl
chaqueta *f.* jacket
charlar to chat
chica *f.* girl
chico *m.* boy

chofer *m.* driver
chompa *f.* sweater

datar de to date back to
datos *m. pl.* data, information
debajo de under
deber to owe; **deber + *inf.*** to have to, must; **deber de + *inf.*** must (*probability*)
débil weak
decir to say, tell
dedo *m.* finger
dejar to leave; to permit, allow
delante de in front of
delantero front
demasiado too, too much, too many
dentro de within, inside of; **dentro de poco** shortly
derecho right; straight ahead; **a la derecha** to (on) the right
desocupado unoccupied
desafortunadamente unfortunately
desarrollar to develop
desayunar to have breakfast
desayuno *m.* breakfast
descansar to rest
desconocido unknown
descortés discourteous, impolite
descubrir to discover
desde from, since
desgracia *f.* misfortune; **por desgracia** unfortunately
deshacer to unpack
despacio slowly
despedirse de to say good-bye to
despegar to take off
despertar to awaken; **despertarse** to wake up
después (de) after
destino *m.* destination
detalle *m.* detail
detrás (de) behind, in back of
día *m.* day; **de día** during the day
diablo *m.* devil
dibujar to draw, sketch
dibujo *m.* drawing, sketch
diga hello (*on the phone*)
dios *m.* god; **Dios** God; **¡Dios mío!** My goodness!

dirección *f.* direction; address
dirigir to direct; **dirigirse a** to direct oneself to, go to
¡disculpe! I'm sorry
disparador *m.* shutter-release button
distar: ¿Cuánto dista . . . de aquí? How far is . . . from here?
divertido enjoyable, fun
divertirse to enjoy oneself, have a good time
doblar to turn
docena *f.* dozen
dolor *m.* pain
dormir to sleep; **dormirse** to fall asleep
duda *f.* doubt
dueña *f.*, **dueño** *m.* owner
dulce sweet; **dulces** *m. pl.* candy
durante during
durar to last

e and (*before a word beginning with* **i** *or* **hi**)
edad *f.* age **¿Qué edad tiene . . . ?** How old is . . . ?
edificio *m.* building
ejecutar to perform
ejemplo *m.* example; **por ejemplo** for example
embarcar to board
embargo: sin embargo however, nevertheless
emocionante exciting
empezar to begin, start
empleada *f.*, **empleado** *m.* clerk
encantado very pleased; **encantado de conocerle** pleased to meet you
encima (de) above
encontrado found
encontrar to find; **encontrarse** to be located; **encontrarse con** to meet
enemigo *m.* enemy
enfermedad *f.* sickness, illness
enfermo sick
enseñar to teach; to show
entender to understand
entero entire
entonces then

entrada *f.* entrance; **sacar entradas** to get tickets

entrar (a, en) to enter

entre between, among

entregar to deliver, hand over

entretanto meanwhile

época *f.* time, period

equipaje *m.* piece of baggage; **equipajes** *m. pl.* baggage; **sala de equipajes** *f.* baggage room

erigir to erect

escala *f.* stop

escalera *f.* staircase

escoger to choose

escondido hidden

esmeralda *f.* emerald

eso that; **a eso de** (*with time of day*) at about; **por eso** therefore, for that reason

espacio *m.* space, room

espera *f.* wait, waiting

esperar to hope; to wait (for); **esperar que sí** to hope so; **esperar que no** to hope not

esposa *f.* wife

esposo *m.* husband; **esposos** *m. pl.* husband and wife

esquina *f.* corner

estación *f.* station; season

estado *m.* state, condition

estacionar to park

estancia *f.* stay

este *m.* east

estilo *m.* style

estrecho narrow; *m.* strait

evitar to avoid

explicación *f.* explanation

extranjera *f.*, **extranjero** *m.* foreigner

extranjero foreign

extraño strange, odd

extremo *m.* end

fábrica *f.* factory

facturado checked

facturar to check

falda *f.* skirt

falta *f.* lack; mistake; **por falta de** for lack of

fama *f.* fame, reputation

familiar *m. & f.* family member, relative

farmacéutica *f.*, **farmacéutico** *m.* pharmacist

farmacia *f.* pharmacy; **farmacia de guardia** all-night pharmacy

favor *m.* favor; **por favor** please; **haga(n) Ud(s). el favor de** + *inf.* please

feliz happy

feo ugly

fiarse de to trust

fijo fixed, definite

fijar to fix, to set; **fijarse en** to notice

fila *f.* line

fin *m.* end; **por fin, al fin** finally

final *m.* end; **finalmente** finally

firmar to sign

flor *f.* flower

fondo *m.* rear

fortaleza *f.* fortress

francamente frankly

frío cold; **hace frío** it is cold; **tener frío** to be cold (*persons*)

frito fried

frontera *f.* border

fuera (de) outside (of)

fuerte strong

fumador *m.*, **fumadora** *f.* smoker

fumar to smoke

fundar to found, establish

galleta *f.* cracker, cookie

gana *f.* desire; **tener ganas de** + *inf.* to feel like; to be anxious to

ganar to win; to earn

garganta *f.* throat

garúa *f.* mist, half-drizzle

general general; **por lo general** generally, as a rule

gente *f.* people

gobierno *m.* government

gozar de to enjoy

gracias *f. pl.* thanks; **gracias por** thanks for; **dar las gracias** to thank

grado *m.* degree

gris grey

gritar to shout

guía *f.* guide (book); *m. & f.* guide

guiar to guide
gusto *m.* pleasure; **con mucho gusto**
  gladly; **mucho gusto en conocerle**
  glad to meet you

habitación *f.* room
habitante *m. & f.* inhabitant
hacer to do; to make; **hace** ago
hacia toward
hambre *f.* hunger; **tener hambre** to
  be hungry
hasta (que) until
hay there is, there are; **hay que** + *inf.*
  one must, it is necessary; **no hay de
  qué** you're welcome, don't mention
  it
helado *m.* ice cream
hemisferio *m.* hemisphere; **hemisferio
  occidental** Western Hemisphere
hierba *f.* herb, grass
historia *f.* story, history
hola hello
hora *f.* hour, time
huevo *m.* egg
huir to flee

ida: boleto de ida y vuelta round-trip
  ticket
idioma *m.* language
iglesia *f.* church
igual equal, same; **igualmente**
  likewise, same to you
imperio *m.* empire
importar to matter
impresionante impressive
incluso including
indígena *m. & f.* native, original
  inhabitant
ir de regreso a to go back to
isla *f.* island
izquierdo left; **a la izquierda** to (on)
  the left

jardín *m.* garden
joven young; *m. & f.* youth, young
  person
joya *f.* jewel
joyería *f.* jewelry making; jewelry shop

jugar to play; **jugar a la pelota** to
  play ball
jugo *m.* juice
juguete *m.* toy
junto a next to; **juntos** together

lado *m.* side; **al lado de** next to
lago *m.* lake
lana *f.* wool
largo long
lástima *f.* pity
lejos (de) far (from); **a lo lejos** in the
  distance
lengua *f.* language; tongue
lentamente slowly
letrero *m.* sign
levantarse to get up
libertador *m.* liberator
libertar to free, liberate
libra *f.* pound
libre free
ligero light
lindo pretty
línea *f.* line
linterna *f.* flashlight
listo (*with* **estar**) ready, (*with* **ser**)
  clever
locura *f.* madness
lo que what (that which)
lucha *f.* fight, struggle
luego then; **desde luego** of course
lugar *m.* place; **en lugar de** instead of
lujoso luxurious

llama *f.* llama
llamada *f.* call
llamar to call
llegar to arrive
lleno full
llevar to carry, take; to wear
llover to rain
lluvia *f.* rain

madrugada *f.* early morning (before
  dawn)
maleta *f.* suitcase; **hacer la maleta** to
  pack the suitcase
mandar to send
manera *f.* way, manner

mantener to maintain; to keep

mantequilla *f.* butter

mañana tomorrow; **pasado mañana** day after tomorrow; *f.* morning; **por la mañana** in the morning; **mañana por la mañana** tomorrow morning; **de la mañana** a.m.

máquina *f.* machine

maravilla *f.* marvel, wonder

maravilloso marvelous, wonderful

marcha: ponerse en marcha to start out

marido *m.* husband

más more, most; **aun más** even more; **no más** just

matemática *f.*, **matemático** *m.* mathematician

medicamento *m.* medication

medio half; **medio** *m.* means; **en medio de** in the middle of; **medio de transporte** means of transportation

mejor better, best

menos less, fewer, least; except; **menos de** less (fewer) than; **por lo menos** at least

menudo: a menudo often

mercado *m.* market

mercancía *f.* merchandise

metro *m.* meter

miedo *m.* fear; **tener miedo** to be afraid

mientras while

minuto *m.* minute; **a los pocos minutos** a few minutes later

mirar to look (at)

mismo same; **lo mismo** the same thing

mitad *f.* middle, half

modismo *m.* idiom

modo *m.* way; **de ningún modo** in no way

mojado wet

momia *f.* mummy

mono *m.* monkey

monolito *m.* monolith

montaña *f.* mountain

moreno dark-skinned

morir to die

mostrador *m.* counter; **mostrador de registro** check-in counter

mozo *m.* bellboy, waiter

muerto dead

multitud *f.* crowd

muro *m.* wall

nacer to be born

nada nothing; **nada más** no more, nothing else; **de nada** you're welcome

nadar to swim

necesitar to need

negocio *m.* business

nevar to snow

ni neither, nor; **ni . . . ni** neither . . . nor

nieve *f.* snow

ninguno (ningún) no; none

nivel *m.* level

noche *f.* night, evening; **de noche** in the evening, at night; **esta noche** tonight

nombre *m.* name

norte *m.* north

nota *f.* mark, grade

noticia *f.* news item; **noticias** *f. pl.* news

novia *f.* bride; **novio** *m.* groom; **los novios** bride and groom

nube *f.* cloud

nuevo new

número *m.* number

nunca never, ever

obra *f.* work

obtener to obtain, get

oeste *m.* west

oficina *f.* office

ofrecer to offer

oír to hear

olvidar to forget

oprimir to press

orden: a sus órdenes at your service

orgulloso proud

orilla *f.* bank, shore; **a orillas de** at the shore (banks) of

oro *m.* gold

oscuridad *f.* darkness

oscuro dark
otro other, another

país *m.* country
paisaje *m.* landscape, countryside
pájaro *m.* bird
paloma *f.* pigeon, dove
panecillo *m.* roll
papa *f.* potato
paquete *m.* package
para for; **para** + *inf.* in order to
parada *f.* (bus) stop
parar(se) to stop; to stand
parecer to seem; **¿qué te parece?** what
  do you think? **parecerse a** to look
  like, resemble
pared *f.* wall
pareja *f.* couple
pariente *m. & f.* relative
parque zoológico *m.* zoo
parte *f.* part; **a otra parte,** somewhere
  else; **en otra parte** elsewhere; **la
  mayor parte** the majority; **¿de parte
  de quién?** who's calling?
partir to leave, depart
pasaje *m.* passage
pasajera *f.*, pasajero *m.* passenger
pasar to pass; to go; to spend; to
  happen; **¿qué pasa?** what's the
  matter?
pasarela *f.* catwalk
pasear(se) to take a walk (ride)
paseo *m.* walk, ride; **dar un paseo** to
  take a walk (ride)
pasillo *m.* aisle, passageway; **al pasillo**
  on the aisle
paso *m.* step
patria *f.* country, homeland
pavimentado paved
pavimentar to pave
pedir to ask (for), request; to order
película *f.* film, movie
peligroso dangerous
pensar to think; **pensar en** to think of
  (about); **pensar** + *inf.* to intend
peña *f.* night club
peor worse, worst
pequeño small, little

perder to lose; **perderse** to get lost
perdido lost
peregrina *f.*, peregrino *m.* pilgrim
perezoso lazy
periódico *m.* newspaper
pero but
pertenecer to belong
peruano Peruvian
pesar: **a pesar de** in spite of
pescado *m.* fish
pico *m.* mountain peak
pie *m.* foot; **a pie** on foot, walking; **de
  pie** standing; **al pie de** at the foot
  of
piedra *f.* stone
pieza *f.* piece
pila *f.* battery
pintoresco picturesque
piso *m.* floor, storey
placer *m.* pleasure
plano *m.* map
plata *f.* silver
plato *m.* plate, dish
plaza *f.* square; place, space, seat
pobreza *f.* poverty
poco, little, few; **un poco** a little
política *f.* politics
polvo *m.* dust
polvoriento dusty
pomada *f.* ointment
poner to put; to put on
poquito: **un poquito** a little bit
por through, by, for; **por eso**
  therefore, for that reason
porteña *f.*, porteño *m.* inhabitant of
  Buenos Aires
portero *m.* doorman
postre *m.* dessert; **de postre** for
  dessert
preciado valued
precio *m.* price
preocupado worried
preocuparse to worry
preparativos *m. pl.* preparations
prestar to lend
primero first; **lo primero** the first
  thing
prima *f.*, primo, *m.* cousin

prisa *f.* rush, hurry; **tener prisa** to be in a hurry
privado private
probar to try; to try on (out); to taste
prometer to promise
pronto soon; **de pronto** suddenly; **lo más pronto posible** as soon as possible
propina *f.* tip
proteger to protect
próximo next
proyecto *m.* project
pueblo *m.* town
puente *m.* bridge
puerta *f.* door, gate
pues well, then, well then
puesto *m.* stand
punto *m.* point; **en punto** sharp

que who, which, that; than
qué what, what a; how
　¡**qué bien!** how nice!
quedar to remain; to be (located); **quedarse** to stay, remain
querer to wish, want
¿**quién, -es?** who? ¿**a quién, -es?** (to) whom?
quizá(s) perhaps

rasguño *m.* scratch
ratero *m.* pickpocket
rato *m.* while; **un rato más** a while longer; **al poco rato** shortly after
razón *f.* reason; **tener razón** to be right
realmente really
recado *m.* message
recoger to pick up
reconocer to recognize
recordar to remember
recorrer to travel through; to tour
recorrido *m.* journey
redondo round
reflejar to reflect
refresco *m.* refreshment; soda
regalo *m.* gift
regatear to bargain, haggle
regresar to return, go back
reina *f.* queen

reír to laugh
reloj *m.* watch, clock
reparar to repair, fix
repente: de repente suddenly
resfriado *m.* cold
respuesta *f.* answer
restos *m. pl.* remains
resultado *m.* result
reunirse to get together, meet
revés: al revés in reverse
rey *m.* king
ropa *f.* clothes, clothing
rosado pink
roto broken
rueda *f.* wheel
ruido *m.* noise
rumbo a bound for

sacar to take out; **sacar entradas** to get tickets; **sacar una foto** to take a picture; **sacar buenas (malas) notas** to get good (bad) grades
sal *f.* salt
salida *f.* exit
salud *f.* health
saltar to jump
saludar to greet
sano y salvo safe and sound
santuario *m.* sanctuary, shrine
sed *f.* thirst; **tener sed** to be thirsty
seguida: en seguida immediately, at once
seguir to follow; to continue
según according to
segundo *m.* second; second (of a series)
seguro sure; ¡**seguro!** of course
selva *f.* jungle
senador *m.* senator
sencillo simple; **un boleto sencillo** one-way ticket
sendero *m.* path
sentarse to sit (down)
sentir to feel; to be sorry; **sentirse** to feel
señor *m.* gentleman; sir, Mr.; **el señor . . . y señora** Mr. and Mrs . . .
señora *f.* lady, madam, Mrs.

séptimo seventh
servir to serve; **¿en qué puedo servirle(s)?** what can I do for you? **servir de** to serve as
siempre always; **para siempre** forever
siglo *m.* century
siguiente following
simpático nice, friendly
sitio *m.* place
sobre on, about; *m.* envelope
sobrino *m.* nephew
soldado *m.* soldier
solamente only
solo alone
sólo only
sonar to ring; to sound
sonido *m.* sound
sonreír to smile
sonrisa *f.* smile
soroche *m.* altitude sickness
sorpresa *f.* surprise
subida *f.* climb
subir to go up; to take up; **subir a** to get into
sucio dirty
Sudamérica *f.* South America
sudamericano South American
sueño *m.* sleep; dream; **tener sueño** to be sleepy
suerte *f.* luck; **tener suerte** to be lucky
sufrir to suffer
sumamente very, extremely
supuesto: por supuesto of course
sur *m.* south

tal such; **¿qué tal?** how are you? how are things?
tallado carved
taller *m.* workshop
tamaño *m.* size
tan so, as
tanto so much, as much; **tantos** so (as) many
tardar to delay; to take (time); **tardar una hora en llegar** to take an hour to arrive

tarde late; **más tarde** later; **se hace tarde** it's getting late; **tarde** *f.* afternoon; **por la tarde** in the afternoon; **de la tarde** p.m.
tarea *f.* task, job; homework
tarjeta *f.* card; **tarjeta de embarque** boarding pass
taza *f.* cup
teléfono *m.* telephone; **por (al) teléfono** on the phone
temprano early
tener to have; **tener que** + *inf.* to have to, must
teoría *f.* theory
terraza *f.* terrace
tesoro *m.* treasure
tienda *f.* store
tiendecita *f.* little store
timbre *m.* bell
tipo *m.* type, kind
tocar to touch; to play (*an instrument*)
todavía yet, still; **todavía no** not yet
todo all, every; any
tomar to take; to have
totora *f.* reed boat
traducir to translate
traer to bring
traje *m.* suit (of clothes)
trasero rear
trasnochador *m.*, **trasnochadora** *f.* night owl
tratar de + *inf.* to try to
trayecto *m.* route
tripulación *f.* crew
tronar to thunder
trotamundos *m.* globetrotter
tucán *m.* toucan (*tropical bird*)
tumba *f.* tomb, grave

último last
único only, sole
unos some; about

vacaciones *f. pl.* vacation; **estar de vacaciones** to be on vacation
valer to be worth; **valer la pena** to be worthwhile
vámonos let's go

varios several

vecina *f.*, **vecino** *m.* neighbor

vecino neighboring

vendedor *m.*, **vendedora** *f.* vendor, seller

vender to sell

ventanilla *f.* (little) window; **ventanilla del visor** viewfinder

ver to see; **a ver** let's see

veras: de veras really, truly

verdad *f.* truth; **¿verdad?** (**¿no es verdad?**) right? isn't that so? **es verdad** that's right

verdadero real, true

vestido dressed; *m.* dress

vestir to dress; to wear; **vestirse** to get dressed

vez *f.* time; **otra vez** again; **en vez de** instead of; **a veces** at times; **a la vez** at the same time; **muchas veces** often

viajar to travel

viaje *m.* trip; **hacer un viaje** to take a trip; **feliz viaje** have a nice trip

viajera *f.*, **viajero** *m.* traveler

vigilar to guard, watch

vino *m.* wine; **vino tinto** red wine

virgen *f.* virgin

visitante *m. & f.* visitor

vista *f.* view, sight; **hasta la vista** so long; see you again

vivo alive

volver to return, go (come) back

voz *f.* voice; **en voz baja** in a low voice; **en voz alta** aloud

vuelo *m.* flight

vuelta *f.* return; **de vuelta** back (*to a place*)

ya already; **ya no** no longer